Melanie Fröscher

Usability und Usability Testing

Software als Benutzererlebnis

GRIN Verlag

Bibliografische Information der Deutschen Nationalbibliothek:

Die Deutsche Bibliothek verzeichnet diese Publikation in der Deutschen National-
bibliografie; detaillierte bibliografische Daten sind im Internet über http://dnb.d-
nb.de/ abrufbar.

Impressum:

Copyright © 2011 GRIN Verlag GmbH
Druck und Bindung: Books on Demand GmbH, Norderstedt Germany
ISBN: 978-3-656-53724-3

Dieses Buch bei GRIN:

http://www.grin.com/de/e-book/263221/usability-und-usability-testing

GRIN - Your knowledge has value

Der GRIN Verlag publiziert seit 1998 wissenschaftliche Arbeiten von Studenten, Hochschullehrern und anderen Akademikern als eBook und gedrucktes Buch. Die Verlagswebsite www.grin.com ist die ideale Plattform zur Veröffentlichung von Hausarbeiten, Abschlussarbeiten, wissenschaftlichen Aufsätzen, Dissertationen und Fachbüchern.

Besuchen Sie uns im Internet:

http://www.grin.com/

http://www.facebook.com/grincom

http://www.twitter.com/grin_com

USABILITY UND USABILITY TESTING

Software als Benutzererlebnis

DHBW Mannheim

Duale Hochschule Baden-Württemberg Mannheim
Cooperative State University

Fakultät Technik

Studiengang „Angewandte Informatik"

Autoreninformation

Melanie Fröscher, Kurs: TAI08AIM

Studienarbeit

T3200, 5. Semester

Bearbeitungszeitraum: 06.06.2011 bis 26.09.2011

EHRENWÖRTLICHE ERKLÄRUNG

Erklärung

gemäß § 5 (2) der „Studien- und Prüfungsordnung DHBW Technik" vom 18. Mai 2009.

Ich habe die vorliegende Arbeit selbständig verfasst und keine anderen als die angegebenen Quellen und Hilfsmittel verwendet.

\--   \-----------------------------------

INHALT

ANLAGENVERZEICHNIS

ABBILDUNGSVERZEICHNIS

TABELLENVERZEICHNIS

ABKÜRZUNGSVERZEICHNIS

Abkürzung	Bedeutung
ABC-Modell	Aufgaben-Benutzer-Computer-Modell
Bzw.	Beziehungsweise
Etc.	Et cetera
Ggf.	Gegebenenfalls
i.d.R.	In der Regel
IFIP	International Federation for Information Processing
ISO	International Organization for Standardization
S.	Siehe
u.U.	Unter Umständen
Vgl.	Vergleiche
z.B.	Zum Beispiel

1 EINLEITUNG

Im Zeitraum von 1994 bis 2007 veröffentlicht die STANDISH GROUP die s.g. *Chaos-Studie*, die durch wissenschaftliche Untersuchung von mehreren zehntausend Projekten den Erfolg bzw. Misserfolg von IT-Projekten untersucht.

Die Studie gelangt zu dem Ergebnis, dass der Erfolg eines IT-Projektes maßgeblich davon abhängt, in wie weit (1) die Endbenutzer in das Projekt miteinbezogen werden, (2) die Anforderungen klar definiert sind und (3) das Management des IT-Unternehmens das Projekt unterstützt. Auf der anderen Seite gelten (1) die fehlende Unterstützung des Projektes durch die Benutzer, (2) fehlerhafte oder fehlende Anforderungen und (3) Fluktuation und Dynamik im Anforderungskatalog als diejenigen Faktoren, die ein IT-Projekt am ehesten zum Scheitern bringen[1].

Dieses Ergebnis kann durch eine bekannte Darstellung verschiedener Sichtweisen auf eine zu entwickelnde Anwendung untermauert werden (s. Abbildung 1-1):

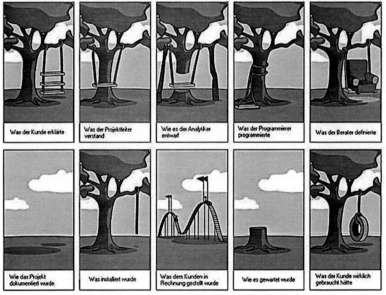

Abbildung 1-1: Verschiedene Sichtweisen auf eine Anwendung[2]

---

[1] Standish Group (1995) S. 4
[2] Entnommen aus: http://www.buena-la-vista.de/buenalog/2010/02/08/projektmanagement-mal-anders/

1.1 AUFGABENSTELLUNG

In dieser Arbeit soll erforscht werden, was unter *Usability* (Benutzbarkeit bzw. Gebrauchstauglichkeit) einer Software zu verstehen ist und welche Möglichkeiten sich bieten, diese sicherzustellen. Dafür sollen zum einen Möglichkeiten zur Umsetzung von *Usability* innerhalb des Software-Entwicklungsprozesses aufgezeigt und zum anderen die wissenschaftlichen und fachlichen Erkenntnisse aufgearbeitet werden, die zum Verständnis und zur Anwendung der Methoden notwendig sind.

Darauf aufbauend soll als Hauptthema die Überprüfung von *Usability* (*Usability Testing*) in Anwendungen diskutiert werden. Auch hier sollen Methoden und Vorgehensweisen aber auch mögliche Problemstellungen detailliert beschrieben werden. Um das Verständnis für das *Usability Testing* zu fördern, soll vorab eine Ausarbeitung der theoretischen Aspekte von Software-Tests im Allgemeinen erfolgen.

1.2 ZIELSETZUNG

Innerhalb der Recherche und Analyse der jeweiligen Fachbereiche sollen Antworten auf folgende Fragen gefunden werden:

1. Welchen Stellenwert hat *Usability* in der Software-Entwicklung und in wie fern ist es nötig bzw. anerkannt?

2. Welche Möglichkeiten zum Einsatz bzw. zur Überprüfung von *Usability* gibt es und wie lassen sich diese verallgemeinern bzw. standardisieren?

3. Wie viel *Usability* ist nötig?

1.3 AUFBAU DER ARBEIT

Kapitel 2 erläutert zunächst die wissenschaftliche Grundlage von Usability in der Software-Entwicklung und geht auf Standards und Normen ein. Weiter werden an dieser Stelle Probleme und Herausforderungen der *Usability*-Umsetzung aufgezeigt.

Um das Verständnis des Kontextes zu fördern, wird in Kapitel 3 auf die Beschaffenheit und Charakteristik von interaktiven Systemen eingegangen, da diese als Basis der *Usability* fungieren. Neben den grundlegenden Eigenschaften werden – abgeleitet von den wissenschaftlichen Erkenntnissen aus Kapitel 2 – Gestaltungsprinzipien und Techniken erläutert, wie *Usability* in interaktiven Systemen erreicht werden kann.

Vorbereitend für das Hauptthema wird in Kapitel 4 auf die Theorie des Software-Testing eingegangen. Klassifizierungsansätze sollen helfen, die gängigen Methoden und Techniken zu charakterisieren. In Kapitel 5 wird aufbauend auf die vorherigen Abschnitte das Thema *Usability Testing* beschrieben. Neben möglichen Problemstellungen werden Methoden und Techniken vorgestellt, mit denen die Überprüfung der Benutzbarkeit von Software möglich ist. Eine Klassifizierung soll auch hier das Verständnis fördern. Zudem wird aufgezeigt, was zur Konzeption eines *Usability*-Tests nötig ist und dafür Vorgehensvorschläge aus der Literatur aufbereitet.

Abschließend demonstrieren die folgenden Kapitel 6 – 8 die Entwicklung eines Prototyps zum Testen von Anwendungen. Hier werden sowohl das Konzept (Kapitel 6), die Technologie (Kapitel 7) als auch die Funktionalität (Kapitel 8) der Anwendung vorgestellt. Durch den eng bemessenen Projektzeitraum ist die Implementierung allerdings nicht vollständig beendet.

2 USABILITY

In diesem Kapitel wird der Kontext der *Usability* erläutert und zunächst eine begriffliche Abgrenzung vorgenommen. Weiter werden historische Meilensteine zur Bewertung von *Usability* aufgezeigt. Nach der Erläuterung von Anwendungsbereichen und Zielen, aktueller Normen und Modelle sowie der wissenschaftlichen Grundlage soll abschließend auf die praktische Umsetzung von *Usability* sowie die daran gestellten Anforderungen eingegangen werden.

2.1 BEGRIFFSDEFINITIONEN

Für den Begriff *Usability* werden verschiedene Übersetzungen herangezogen. Auch werden in diesem Zusammenhang Konzepte wie *Software-Ergonomie* oder *User Experience* verbunden. Um ein einheitliches Vokabular für diese Arbeit zu schaffen, sollen diese Begriffe erläutert und voneinander abgegrenzt werden.[3]

Usability lässt sich übersetzen mit „Bedienbarkeit", „Benutzbarkeit", „Benutzerfreundlichkeit", „Brauchbarkeit" oder „Gebrauchstauglichkeit". Letztere Definition wird auch von der ISO verwendet, die Usability im Rahmen der Norm ISO 9241 (vgl. 2.2.2 ISO 9241 - Ergonomie der Mensch-System-Interaktion) definiert als *„das Ausmaß, in dem ein Produkt durch bestimmte Nutzer in einem bestimmten Nutzungskontext genutzt werden kann, um bestimmte Ziele effektiv, effizient und zufriedenstellend zu erreichen"*[4]. Usability bezieht sich durch die *Effektivität*, *Effizienz* und *Zufriedenstellung* auf die tatsächliche Nutzung einer Software bzw. eines Produktes (s. Abbildung 2-1).

Software-Ergonomie hingegen beschreibt die Beschaffenheit von Systemen bzw. Software, um *Usability* zu erreichen. Dabei wird nicht die Software selbst, sondern vielmehr der Benutzer, dessen Arbeitsplatz sowie die Arbeitsumgebung betrachtet, weshalb sie auch als die *„Lehre von der Computerarbeit"*[5] bezeichnet wird. Dabei kann Software-Ergonomie *„nur auf Grundlage einer benutzer- und anwendungsgerechten Gestaltung der Computerhardware sowie einer angemessenen Arbeitsplatzgestaltung [...] gegründet werden."*[6]

---

[3] Vgl. Sarodnick, F. / Brau, H. (2011) S. 18ff
[4] ISO 9241 (2006), 9241-11
[5] Herczeg, M. (2009) S. 7
[6] Herczeg, M. (2009) S. 7

User Experience – ins Deutsche übersetzt "Benutzererlebnis" – ist ein Begriff aus moderner Zeit, der in seiner Definition zwar auf *Benutzbarkeit* und *Ergonomie* zurückzuführen ist, diese Aspekte aber durch das individuelle Erleben dergleichen ergänzt. Der Fokus liegt nun nicht mehr auf dem bloßen Vorhandensein der Bedienbarkeit (während der Nutzung selbst), sondern vielmehr darauf, dass der Benutzer dies verspürt (über die tatsächliche Nutzungsdauer hinaus)[7]. *User Experience* ist innerhalb der ISO 9241.210 (vgl. 2.2.3 ISO 9241-210 - Prozess zur Entwicklung gebrauchstauglicher Systeme) normiert und wird dort definiert durch *„Wahrnehmungen und Reaktionen einer Person, die aus der tatsächlichen und/oder der erwarteten Benutzung eines Produkts, eines Systems oder einer Dienstleistung resultieren."*[8] Anlage A soll dies verdeutlichen.

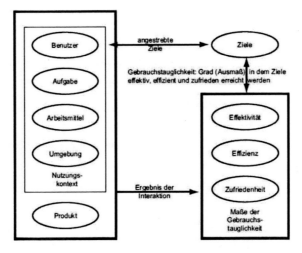

Abbildung 2-1: Anwendnungsrahmen für Gebrauchstauglichkeit nach ISO 9241[9]

2.2 NORMEN UND MODELLE

Um die Benutzbarkeit und Ergonomie von Systemen zu systematisieren und ein Rahmenwerk zur Überprüfung dergleichen zu bieten, gibt es verschiedene Standardisierungsansätze. Diese beschreiben sich nicht nur Richtlinien für die Beschaffenheit von Software, sondern auch für die Beschaffenheit von ganzen Systemen und dem Umfeld,

---

[7] Vgl. Geis, T. (2010)
[8] Geis, T. (2010); Vgl. auch: Preim, B. / Dachselt, R. (2010) S.21
[9] Entnommen aus: Herczeg, M. (2009) S. 160

in dem sie genutzt werden. Eine für diese Arbeit relevante Auswahl soll nun näher beschrieben werden.

2.2.1 ABC-Modell der Software-Ergonomie

Das *Aufgaben-Benutzer-Computer-Modell* (kur *ABC-Modell*) dient als Basis der Normen und Richtlinien, die die Benutzbarkeit von Software bzw. von interaktiven Systemen zu definieren versuchen (s. Abbildung 2-2). Dieses Modell nennt Anforderungen, die erfüllt sein müssen, damit je zwei der drei Elemente des Modells optimal zusammenarbeiten können[10]:

Angemessenheit verbindet die Aufgabe mit dem Computer und definiert, dass ein Computer bzw. ein System oder eine Software alle nötigen Funktionen bereitstellen muss, die zur Erledigung der Aufgabe erforderlich sind (*Funktionalität*).

Handhabbarkeit fordert von einem Computer bzw. System oder einer Software, dass diese von dem Benutzer leicht zu bedienen und deren Funktionen leicht auszuführen sind. Das System soll sich dem Benutzer leicht erschließen und einfach zu nutzen sein (*Erlernbarkeit, Bedienbarkeit, Verständlichkeit*).

Persönlichkeitsförderlichkeit sagt abschließend aus, dass ein System auf den Benutzer und dessen Kontext (Fähigkeiten, Wissen) abgestimmt ist und dies unter Beachtung von Richtlinien zur Arbeitsgestaltung realisiert sein soll (*Benutzer, Arbeitsgestaltung*).

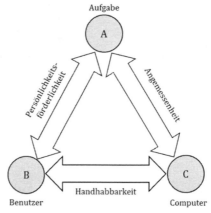

Abbildung 2-2: ABC-Modell der Software-Ergonomie

---

[10] Vgl. Höfler, K. (2003) S. 8ff

2.2.2 ISO 9241 - Ergonomie der Mensch-System-Interaktion

Die internationale Norm DIN EN ISO 9241 ist ein Katalog aus insgesamt 17 Bänden, die Qualitätsrichtlinien beschreiben, um die Ergonomie von interaktiven Systemen bzw. Software (vgl. hierzu Abschnitt 3 Interaktive Systeme) sicherzustellen. Diese Richtlinien umfassen sowohl Anforderungen an die Arbeitssituation (z.b. Arbeitsplatzgestaltung), als auch an Eingabegeräte zur Steuerung von Systemen (z.b. die Tastatur) und die Beschaffenheit der Systeme selbst (z.b. die Informationsdarstellung im System). Für diese Arbeit von Bedeutung sind Teil 10 (bzw. in aktualisierter Form Teil 110) „Grundsätze der Dialoggestaltung" und Teil 11 „Anforderungen an die Gebrauchstauglichkeit – Leitsätze", die nun detaillierter betrachtet werden sollen.

Anforderungen an die Gebrauchstauglichkeit (ISO 9241-11)

Im 11. Abschnitt der ISO Norm 9241 sind (die wichtigsten) Anforderungen an die Gebrauchstauglichkeit bzw. *Usability* reglementiert[11]:

Effektivität meint *„die Genauigkeit und Vollständigkeit, mit der Benutzer ein bestimmtes Ziel erreichen."* Demnach ist ein System effektiv, wenn es genaue und vollständige Ergebnisse liefert. Ein System ist ineffektiv, wenn das System ungenaue oder unvollständige Ergebnisse liefert und diese durch den Benutzer nicht verwendet werden können.

Effizienz ist definiert als *„der im Verhältnis zur Genauigkeit und Vollständigkeit eingesetzte Aufwand, mit dem Benutzer ein bestimmtes Ziel erreichen."* Ein System ist also effizient, wenn ein Ergebnis mit annehmbarem Aufwand erzeugt werden kann. Im Gegensatz dazu ist ein System ineffizient, wenn der Aufwand den Nutzen übersteigt.

Zufriedenstellung ist die *„Freiheit von Beeinträchtigung und positive Einstellung gegenüber der Nutzung des Produkts."* Ein Benutzer ist zufrieden mit einem System, wenn es effektiv und effizient ist. Ebenso ist ein System nicht zufriedenstellend, wenn es den Benutzer bei seiner Arbeit beeinträchtigt und ineffektiv bzw. ineffizient ist.

Diese drei Anforderungen sind im jeweiligen **Nutzungskontext** zu betrachten, der in Abhängigkeit von den Benutzern des Systems, deren Zielen und Aufgaben sowie den zur Verfügung stehenden Arbeitsmitteln (z.B. Hard- und Software) und der sozialen Umgebung. Der Nutzungskontext wird beispielsweise durch das Alter, das Vorwissen oder die Qualifikation des Benutzers definiert.

---

[11] ISO 9241 (2006), 9241-11

Grundsätze der Dialoggestaltung (9241-110)

Zur Gestaltung von Dialogen in interaktiven Systemen werden durch die ISO Norm 9241-110 insgesamt sieben Grundsätze definiert, die die Benutzbarkeit der Systeme fördern. Folgende Grundsätze werden aufgeführt:

Aufgabenangemessenheit eines Dialogs ist gegeben, *„wenn er den Benutzer unterstützt, seine Arbeitsaufgabe effektiv und effizient zu erledigen."*

Selbstbeschreibungsfähigkeit spezifiziert, dass in einem Dialog *„jeder einzelne Dialogschritt durch Rückmeldung des Dialogsystems unmittelbar verständlich ist oder dem Benutzer auf Anfrage erklärt wird"* (z.B. durch geeignete Feldbeschriftung und Hilfetexte).

Erwartungskonformität ist gegeben, wenn der Dialog *„konsistent ist und den Merkmalen des Benutzers entspricht, z.B. den Kenntnissen aus dem Arbeitsgebiet, der Ausbildung und der Erfahrung des Benutzers sowie den allgemein anerkannten Konventionen."*

Fehlertoleranz ist gegeben, *„wenn das beabsichtigte Arbeitsergebnis trotz erkennbar fehlerhafter Eingaben entweder mit keinem oder mit minimalem Korrekturaufwand durch den Benutzer erreicht werden kann"* (z.B. Fehlervermeidung oder Fehlerkorrektur).

Steuerbarkeit definiert, dass *„der Benutzer in der Lage ist, den Dialogablauf zu starten sowie seine Richtung und Geschwindigkeit zu beeinflussen, bis das Ziel erreicht ist"* (z.B. Vorwärts- oder Rückwärtsnavigation, Abbruchmöglichkeit).

Individualisierbarkeit eines Dialogs ist gegeben, *„wenn das Dialogsystem Anpassungen an die Erfordernisse der Arbeitsaufgabe, individuelle Vorlieben des Benutzers und Benutzerfähigkeiten zulässt"* (z.B. Ein- oder Ausblenden von Informationen).

Lernförderlichkeit eines Dialogs wird erreicht, *„wenn er den Benutzer beim Erlernen des Dialogsystems unterstützt und anleitet"* (z.B. durch Hilfefunktionen).

2.2.3 ISO 9241-210 - Prozess zur Entwicklung gebrauchstauglicher Systeme

In der aktuelleren Norm ISO 9241.210 werden nun der Prozess bzw. das Vorgehensmodell zum Erreichen von Benutzbarkeit und Ergonomie definiert. Im s.g. *Usability Engineering* (vgl. 2.6 Praktische Umsetzung von Usability) soll bereits während des Entwicklungsprozesses die Benutzbarkeit einer Software fokussiert werden, um diese optimal zu realisieren (s. Abbildung 2-3).

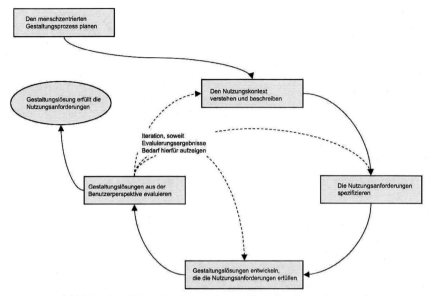

Abbildung 2-3: Abhängigkeiten menschenzentrierter Gestaltungsaktivitäten[12]

2.2.4 ISO 14915 - Software-Ergonomie für Benutzungsschnittstellen

Die Norm ISO 14915 ist eine Erweiterung der Norm ISO 9241 und fokussiert Richtlinien und Anforderungen zur Konzeption multimedialer Benutzungsschnittstellen. Dabei gliedert sich die Norm in drei Teile: Teil 1 spezifiziert „Gestaltungsgrundsätze und Rahmenbedingungen", Teil 2 umfasst Kriterien zu „Multimedia-Navigation und Steuerung" und Teil 3 definiert die „Auswahl und Kombination relevanter Medien". Die dabei aufgeführten Gestaltungsgrundsätze erweitern die Liste der in ISO 9241-110 aufgeführten *Grundsätze zur Dialoggestaltung:*[13]

Durch die **Eignung für das Kommunikationsziel** soll sichergestellt werden, dass Informationen für die Zielerreichung des Benutzers geeignet dargestellt werden.

Die **Eignung für Wahrnehmung und Verständnis** definiert, dass Informationen leicht verständlich sein sollen.

---

[12] ISO 9241-210 (2010)
[13] Vgl. ISO 14915 (2003)

Unter **Eignung für Exploration** wird festgelegt, dass Benutzer ohne Vorkenntnisse mit Bezug auf das System in der Lage sein sollen, das System zu nutzen und Informationen zu finden bzw. eine Aufgabe zu erledigen.

Eignung für die Benutzungsmotivation sagt abschließend aus, dass Benutzer zur Erledigung seiner Aufgaben motiviert sein sollen. Hierbei spielt die Ausrichtung des Systems und die Darstellung der Informationen auf die Anforderungen und Bedürfnisse des Benutzers eine große Rolle. Auch der Aufwand zur Erledigung einer Aufgabe wird hier betrachtet.

2.3 WISSENSCHAFTLICHE GRUNDLAGE

Um die *Usability* für den Menschen als Benutzer zu gewährleisten, bedienen sich Produktentwickler den Erkenntnissen aus der Wissenschaft, um ein bestmögliches Interaktionsergebnis zu erreichen. Dazu zählt zum einen, wie der Mensch Informationen aufnimmt und zum anderen, wie er die aufgenommenen Informationen wahrnimmt und interpretiert. Die für diese Arbeit wichtigen Aspekte sollen nun näher erläutert werden.

2.3.1 Sinneskanäle des Menschen

Dem Menschen stehen insgesamt sechs Sinneskanäle zur Verfügung, über die er unterschiedlich kodierte Informationen aufnehmen und verarbeiten kann (s. Abbildung 2-4).

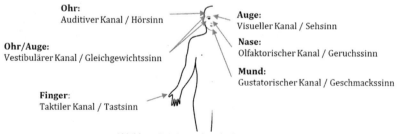

Abbildung 2-4: Sinneskanäle des Menschen

Jeder dieser Kanäle kann unterschiedlich viele Informationen aufnehmen (s. Abbildung 2-5). Werden diese Werte überschritten, kommt es zu einer Überlastung des menschlichen Gehirns, was u.U. zu Müdigkeit und Konzentrationsverlust führen kann.[14] In interaktiven Systemen sind vor allem der visuelle und weniger der auditive Kanal von Bedeu-

---

[14] Schenk, J. / Rigoll, G. (2010) S. 42ff

tung. Aus diesem Grund ist darauf zu achten, Informationen den Anforderungen des Sinneskanals entsprechend darzustellen.

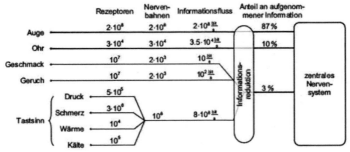

Abbildung 2-5: Sinneskanäle und deren theoretische Datenraten[15]

2.3.2 Kognitionspsychologie

Usability oder User Experience wird häufig auch mit Ästhetik in Verbindung gebracht. Für den Menschen erscheint etwas als ästhetisch, wenn es schön bzw. angenehm anzusehen ist. Es handelt sich hierbei also um ein rein visuelles und individuelles Kriterium. NORMAN und auch ISEN zeigen in ihren wissenschaftlichen Arbeiten, dass die Stimmung bzw. die Emotionen eines Menschen die Wahrnehmung von *Usability* bzw. *Usability*-Problemen beeinflusst.[16] ILMBERGER et al. verweisen ebenfalls auf die sozialpsychologische Erkenntnis, dass der Mensch *„fehlende Informationen zur Usability aus bekannten Informationen zur wahrgenommenen Attraktivität und Ästhetik des Produkts"*[17] herleitet. Dies wird in einer Versuchsreihe überprüft, die zum Ergebnis kommt, dass die Bewertung einer Anwendung steigt, je besser die Testpersonen ihre Stimmung einschätzen.[18]

Mentale Modelle
Versucht der Mensch etwas zu lernen, so will er es verstehen, indem die neuen Informationen mit bereits bekannten Informationen verknüpft werden. Durch die Einordnung in einen vorhandenen Kontext entsteht ein *mentales Modell*, das beschreibt, wie etwas funktioniert. Widerspricht etwas zu Erlenendes den bisherigen Modellen und Erkennt-

---

[15] Entnommen aus: Schenk, J. / Rigoll, G. (2010) S. 43
[16] Vgl. Norman, D. (2003); Isen, A.M. (2000)
[17] Ilmberger, W. / Schrepp, M. / Held, T. (2009) S. 383
[18] Vgl. Ilmberger, W. / Schrepp, M. / Held, T. (2009) S. 388; Herczeg, M. (2009) S.52ff

nissen, kann es zu Problemen beim Verständnis und somit Behalten der Informationen kommen.[19]

Die Arbeitsweise des Gehirns

Das menschliche Gehirn lässt sich in drei Komponenten einteilen: Das *Ultrakurzzeitgedächtnis*, das Signale und Informationen der Umwelt aufnimmt und entscheidet, ob diese von Bedeutung sind oder nicht, das *Kurzzeitgedächtnis*, dass Informationen aus dem Ultrakurzzeitgedächtnis aufnimmt und diese (in Abhängigkeit der mentalen Modelle) mit vorhandenem Wissen verknüpft und das *Langzeitgedächtnis*, indem Erlerntes und Behaltenes abgespeichert ist.

Jede dieser Komponenten weist eine andere Speicherkapazität auf. Von Bedeutung ist hier das Kurzzeitgedächtnis: Im Kurzzeitgedächtnis können maximal fünf bis neun, durchschnittlich also sieben einzelne Werte bzw. Sinneseindrücke wie z.B. ein Wort oder eine Zahl vorgehalten werden. Diese Erkenntnis geht auf die Forschungsarbeiten von MILLER zurück, der die Limitation der menschlichen Informationsverarbeitung untersuchte[20]. Weiter fand er heraus, dass durch die Zusammenfassung einzelner Werte zu maximal dreistelligen Werten insgesamt neun Werte abgespeichert werden können. Ein Beispiel: Es gibt sieben freie Speicherplätze, die die Ziffernfolge 1-2-3-4-5-6-7 aufnehmen können. Werden nun die einzelnen Ziffern zu Blöcken („Chunks") zusammengesetzt (123-456-7XX), sind noch zwei freie Stellen verfügbar, woraus sich neun Ziffern abspeichern lassen würden.

Im Bereich der interaktiven Systeme wird ebenfalls auf die *Miller'sche Zahl* 7+-2 zurückgegriffen, wenn es um die Anzeige von Steuerelementen oder Informationsobjekten geht (vgl. 3 Interaktive Systeme).

2.3.3 Arbeitspsychologie und -Physiologie

Auch können durch die Arbeit mit einer Anwendung an sich Auswirkungen auf den Menschen beobachtet werden. HERCZEG gibt an, dass dies *„in Abhängigkeit von der Gestaltung des jeweiligen Arbeitssystems und der damit bearbeiteten Aufgaben physischer und psychischer Natur sein"*[21] kann und auf das Maß der Belastung z.B. durch Arbeitsunterbrechungen, monotone Tätigkeiten oder Zeitdruck zurückzuführen ist. Diese Fakto-

---

[19] Vgl. Preim, B. / Dachselt, R. (2010) S. 205
[20] Vgl. Miller, G.A. (1956)
[21] Vgl. Herczeg, M. (2009) S. 35

ren verhindern einen konstanten Arbeitsfluss (mit dem Ziel, ein bestimmtes Problem zu lösen) und können im schlimmsten Fall zu Angst, Frust oder gar Krankheit führen (vgl. Abbildung 2-6).

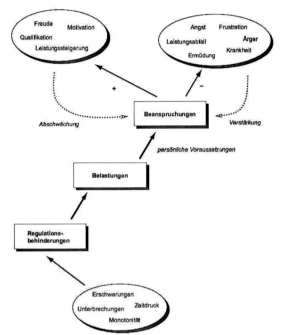

Abbildung 2-6: Ursache und Wirkung von Arbeitsbelastungen[22]

2.4 ZIELE UND NUTZEN VON USABILITY

Grundsätzlich verfolgt Usability das Ziel, die Benutzer einer Software oder eines Produktes dafür zu begeistern und negative Erfahrungen und Empfindungen zu beseitigen. ILMBERGER et al. sprechen davon, dass *wahrgenommene Attraktivität und Ästhetik von Softwareprodukten als wesentliche Determinanten [...] immer stärkere Berücksichtigung"*[23] finden. Um nun die Ziele und den Nutzen von *Usability* zu verdeutlichen, sollen an dieser Stelle Faktoren aufgeführt werden, die sich durch das Nichtvorhandensein von *Usability* ausgeprägt werden[24].

---

[22] Entnommen aus: Herceg, M. (2009) S. 38
[23] Ilmberger, W. / Schrepp, M. / Held, T. (2009) S. 383
[24] Vgl. Herczeg, M. (2009) S. 36f

Wird die Erledigung einer (simplen) Aufgabe durch unzureichende Benutzbarkeit einer Anwendung erschwert, wird ebenso die **Motivation** des Benutzers gemindert.[25] Da die Motivation Auswirkungen auf die **Konzentration** hat, wird diese ebenfalls geschwächt und der Arbeitsfluss des Benutzers so gestört, dass das erzielte Arbeitsergebnis darunter leidet.

Ist dieser Zustand dauerhaft, können so auch vermehrt **Stress und Frust-Situationen** sichtbar werden, die weitreichende Auswirkungen auf die menschliche Psyche haben. Auch physische Belastungen wie Verspannungen oder Überlastung von Hand und Augen sind möglich.

Die Entwicklung von Benutzeroberflächen hat somit zum Ziel, die Arbeitsabläufe optimal zu unterstützen und durch **geeignete Darstellung und Bedienung** von Anwendungen die durch den Benutzer wahrgenommene **Ästhetik** zu fördern und so dessen Empfinden und letztlich dessen **Motivation** zu steigern. Dies kann nach HERCZEG durch angemessene **Beanspruchung** von Körper und Geist – durch das *„körperliche und geistige Wachstum"*[26] – erreicht werden (vgl. Abbildung 2-6).

2.5 HERAUSFORDERUNGEN VON USABILITY

Grundsätzlich richtet sich die *Benutzbarkeit* einer Software an die jeweiligen Benutzer dergleichen. Fragt man einen Benutzer, wie seine Software sein sollte, können die folgenden Aussagen aufgenommen werden:

- „Meine Software soll einfach zu bedienen sein"
- „Meine Software soll schnell zu erlernen sein"
- „Meine Software soll mich unterstützen"

Im Gegensatz zu Anforderungen über die Geschwindigkeit einer Software beispielsweise gibt es hier einen existenziellen Unterschied: Ob und in wie fern eine Software *einfach* zu bedienen ist, hängt vom jeweiligen Benutzer, dessen Erfahrung und Arbeitssituation ab. Die Geschwindigkeit beim Starten einer Software lässt sich messen, indem auf einfachstem Weg die Zeit gestoppt wird. Wie aber soll *einfache* Bedienung oder *schnelle* Erlernbarkeit gemessen werden? Diese Aspekte sind qualitativer Natur lassen sich nicht bzw.

---

[25] Geuenich B./Hammelmann, I./Havas, H. (2006) S. 18ff
[26] Herczeg, M. (2009) S. 36

nur schwer quantifizieren. Und auch wenn dies für einen Benutzer möglich ist, so können keine allgemeingültigen Aussagen für alle Benutzer getroffen werden.

Weiter wird die *„Gebrauchstauglichkeit einer Software gerne als sekundäre, dem Nutzen eines Systems nachgeordnete Systemeigenschaft angesehen"* und somit der *„Zusammenhang zwischen Gebrauchstauglichkeit und Effizienz [...] stark unterschätzt".*[27]

Als Herausforderungen lassen sich an dieser Stelle somit zusammenfassen:

- **Usability ist benutzer- und kontextabhängig,** weshalb keine Verallgemeinerung möglich ist. Jeder Benutzer hat ein anderes Empfinden über *Einfachheit, Schnelligkeit* und *Übersichtlichkeit* (vgl. 2.3 Wissenschaftliche Grundlage). In der Theorie werden meist die drei Kompetenzgrade *Anfänger, Fortgeschrittener* und *Experte* unterschieden, deren Kontext gleichermaßen berücksichtigt werden muss.[28]

- **Usability ist qualitativ und somit nicht bzw. nur schwer messbar,** weshalb spezielle Strategien zum Erreichen von Usability definiert und umgesetzt werden müssen. Es muss ein Ordnungsrahmen zur Überprüfung von Usability gefunden werden, der in enger Zusammenarbeit mit den Benutzern angewendet wird.

- **Usability erlangt nicht oder nur selten die Aufmerksamkeit, die sie benötigt,** sodass sie der Funktionalität einer Anwendung untergeordnet wird. Eine Anwendung, die zwar die gewünschte Funktionalität erfüllt, die Nutzung dergleichen aber untersagt, ist ebenso wertlos wie eine Anwendung, die die Funktionalität nicht erfüllt.

- **Usability schließt Herausforderungen nicht aus,** denn *„Beanspruchungen sind zu einem gewissen Grad für ein Individuum wichtig und lebensnotwendig"*[29] und bilden die Basis für positive Emotionen. Es muss also ein Mittelmaß aus Über- und Unteranstrengung bei für den Benutzer einer Anwendung erreicht werden.

2.6 PRAKTISCHE UMSETZUNG VON USABILITY

Die Bedienbarkeit von Software ist erst seit Entwicklung der ersten Anwendungen mit Benutzeroberfläche ein Thema der Informatik (vgl. hierzu 3 Interaktive Systeme).[30] Um Systeme bedienbar zu gestalten, ist es – wie die wissenschaftlichen Erkenntnisse und die starke Benutzer- bzw. Kontextgebundenheit dieser Eigenschaft zeigen – nur schwer

---

[27] Herczeg, M. (2009) S. 8
[28] Vgl. Herczeg, M. (200) S.83
[29] Herczeg, M. (2009) S. 36
[30] Vgl. Preim, B. / Dachselt, R. (2010) S. 4ff

möglich, hierfür eine Verallgemeinerung aufzustellen. Dennoch gibt es mehrere Ansätze, die die Wirkung und Benutzbarkeit von Software für die jeweiligen Benutzer zentrieren. Diese sollen an dieser Stelle detaillierter betrachtet werden.

2.6.1 Vorgehensmodelle

Grundsätzlich wird die Entwicklung einer Software durch den Kunden ausgelöst. Um dessen Anforderungen zu erfassen, werden innerhalb einer **Anforderungsanalyse** gewünschte Funktionalität und Randbedingungen erfasst. Dies wird durch den Bereich des **Requirements Engineering** abgedeckt, auf den hier nicht näher eingegangen werden soll. Wichtig an dieser Stelle ist, dass in enger Abstimmung mit dem Kunden heraufgefunden werden soll, wofür eine Software benötigt wird, was diese leisten und im welchem Umfeld sie eingesetzt werden soll.

Im Bereich der Vorgehensmodelle zur Realisierung von Softwareentwicklungsprojekten hat sich zudem das **Usability Engineering** etabliert. Hierbei handelt es sich um eine vollständig benutzerorientierte Entwicklung von Software, wobei jeder Arbeitsschritt stets unter Berücksichtigung von Benutzeranforderungen und -Kontext ausgeführt wird. Nach RICHTER UND FLÜCKIGER lassen sich somit alle benutzerorientierten Methoden und Techniken folgenden fünf Phasen eines Projektes zuordnen (s. Abbildung 2-7):

Abbildung 2-7: 5 Phasen des Usability Engineering[31]

Die Phasen sind bedeuten im Detail (s. Tabelle 2-1):

Phase	Erläuterung
Analyse	Benutzer und Kontext verstehen
Modellieren	Entwurf und Optimierung einer passenden Lösung
Spezifikation	Die neue Lösung für die Entwicklung festhalten
Realisierung	Unterstützung bei der Implementierung der Lösung
Evaluation	Resultate mit Benutzern überprüfen

Tabelle 2-1: Phasen des Usability Engineering und deren Bedeutung[32]

---

[31] Entnommen aus: Richter, M./ Flückiger, M. (2010) S. 14

Dieses Vorgehen wird auch als **User-centered Design** (benutzerzentrierte Gestaltung) bezeichnet und folgt in seiner Realisierung einer engen Zusammenarbeit aus Benutzer und Entwickler.[33] Der Benutzer kommuniziert dem Entwickler seine Anforderungen und gibt Feedback über aktuelle Ergebnisse. Der Entwickler wertet die Anforderungen aus und gibt dem Benutzer eine Rückmeldung, wie seine Anforderungen aus technischer Sicht umgesetzt werden können und welche alternativen Möglichkeiten bestehen. Sind sich beide einig, kann der Entwickler mit seiner Arbeit beginnen. Die nun vorgestellten Methoden werden in Anlage B den jeweiligen Phasen des Usability Engineering Prozesses zugeordnet.

2.6.2 Methoden und Techniken

Um den Benutzer möglichst effektiv in den Entwicklungsprozess einzubinden, gibt es verschiedene Methoden, die dies über die gesamte Entwicklungsphase hinweg ermöglichen.[34] Diese sollen nun vorgestellt werden.

Contextual Inquiry (Kontextanalyse)

Ausschlaggebend für alle weiteren Aspekte ist zunächst die Anforderungs- und Umfeldanalyse. Innerhalb der *Contextual Inquiry* werden Benutzer und deren Umfeld analysiert, sodass aus diesen Beobachtungen und Befragungen gezielt Bedarf und Anforderungen abgeleitet werden können. Diese Informationserhebung sollte sich auf sinnvolle Fragestellungen beziehen und den späteren Einsatz der zu entwickelnden Anwendung repräsentieren. Anlage C verdeutlicht das Prinzip.

User Stories

Um nun die Prozesse bzw. Arbeitsabläufe der Benutzer mit der neuen Anwendung näher spezifizieren, können auf Basis der Benutzerangaben *User Stories* erstellt werden. Eine *User Story* („Benutzergeschichte") ist die Beschreibung einer in sich abgeschlossenen Aktion, die der Benutzer mit der Software ausführen möchte. Dabei werden sowohl der jeweilige Benutzer und seine Rolle, die Aktion und deren Vorteil bzw. Nutzen für den Benutzer identifiziert. Eine User Story wird meist wie folgt formuliert: „Als <Benutzer> möchte ich <Aktion>, sodass <Nutzen>" (z.B. „Als Projektmanager möchte ich das verfügbare Budget angezeigt bekommen, sodass ich den weiteren Projektverlauf besser

---

[32] Vgl. Richter, M. / Flückiger, M. (2010) S. 14
[33] Vgl. Richter, M. / Flückiger, M. (2010) S. 10ff
[34] Vgl. Richter, M. / Flückiger, M. (2010) S. 21ff

planen kann"). Auch kann sie bildhaft durch Skizzen dokumentiert werden und so Bezug auf die spätere Benutzeroberfläche nehmen.

Task Analysis (Aufgabenanalyse)

Ein weiterer Aspekt zur Einbeziehung der Benutzer in den Entwicklungsprozess stellt die *Aufgabenanalyse* dar, die vornehmlich mit Hilfe von **Use Cases** durchgeführt wird. *Use Cases* („Anwendungsfälle") werden ähnlich wie *User Stories* zur Dokumentation bzw. Spezifikation von Prozessen und Arbeitsabläufen mit einer Anwendung eingesetzt. Der Unterschied liegt hier aber darin, dass *Use Cases* die Interaktion mit der Anwendung aus Benutzersicht formulieren (z.B. auch, wann welche Meldung erscheinen soll und welche Qualitätskriterien erfüllt sein müssen), *User Stories* hingegen beschreiben Kontext, Aufgabenstellung und Bearbeitungsabfolge einer Arbeitsaufgabe aus Benutzersicht.[35] Dabei können *Use Cases* sowohl textuell als auch grafisch abgebildet werden. Ein *Use Case* besteht immer aus einem *Actor* (dem Benutzer bzw. einer Rolle) und *Aktionen*, die durch den *Actor* ausgeführt werden. Anlage D zeigt ein Beispiel.

Benutzeranalyse und Personas

Eine weiterer wichtiger Aspekt sind die Benutzer selbst. Durch die Erstellung einer *Benutzeranalyse* bzw. *Personas* werden die Benutzer in Abhängigkeit von deren Zielen, Arbeitsaufgaben und Häufigkeit der Aufgabendurchführung, aber auch deren Vorwissen und der Kompetenz verschiedenen Rollen zugeordnet. Dadurch soll erreicht werden, dass die Anforderungen unterschiedlicher Benutzergruppen gleichermaßen zum Tragen kommen und diese auch priorisiert werden können. Eine Benutzeranalyse kann durch persönliche Interviews, Fragebögen oder im Zuge der *Contextual Inquiry* erfolgen.

User Interface Prototyp

Sind die Anforderungen spezifiziert, können Entwickler mit Hilfe eines *User Interface Prototyps* (*UI Prototyp*) den Benutzern näher bringen, wie die neue Anwendung aussehen wird. Ein *UI Prototyp* ist ein Entwurf der Anwendung bzw. deren Benutzeroberfläche, in dem bereits einige Funktionalität enthalten ist, sodass die Benutzer ggf. Teile von Arbeitsabläufen simulieren können. Ziel ist es, die Benutzeroberfläche optimal an die Arbeitsaufgaben und Wahrnehmung der Benutzer anzupassen und diese in (ggf. mehreren) Schritten so zu optimieren, dass die eigentliche Entwicklung sich auf die durch die Benutzer abgesegnete Version beschränkt.

---

[35] Vgl. Richter, M. / Flückiger, M. (2010) S. 48

Usability Guidelines und Styleguides

Für die tatsächliche Realisierung eines benutzbaren Systems bzw. einer Anwendung können die Entwickler auf *Usability Guidelines* oder *Styleguides* zurückgreifen. Dabei handelt es sich um dokumentierte Spezifikationen zur Gestaltung (d.h. beispielsweise Farbgebung und Anordnung von Elementen oder gar Benutzerführung innerhalb eines Dialogs) von Benutzeroberflächen. Usability Guidelines stellen dabei *„eher generelle Richtlinien für die Verwendung und das Verhalten von (grafischen) User-Interface-Elementen"* dar, wo hingegen Styleguides *„konkrete Vorgaben für die visuelle Gestaltung und das Layout einer bestimmten Benutzeroberfläche"*[36] repräsentieren. Diese können je nach Einsatzgebiet und Unternehmen bzw. Anwendung variieren und sich auch im Hinblick auf die verwendete Technologie innerhalb der Entwicklung unterscheiden. Wichtig an dieser Stelle ist, dass es einen Katalog gibt, der durch alle Entwickler gleichermaßen beachtet wird, sodass die Anwendung später ein einheitliches, den Vorgaben entsprechendes Erscheinungsbild aufweist. Ein bekanntes Beispiel für einen Styleguide ist der „UX Guide" (*Windows User Experience Interaction Guidelines for Windows 7 and Windows Vista*) von Microsoft[37].

Usability Test

Abschließend können die vorab implementierten Aspekte zur Usability innerhalb von *Usability Tests* auf ihre Wirksamkeit hin überprüft werden. Hierbei wird eine Anwendung in verschiedenen Verfahren mit dem Benutzer gemeinsam auf ihre Benutzbarkeit hin überprüft. Dies impliziert, dass bereits Ergebnisse aus der Entwicklung vorliegen. An dieser Stelle soll allerdings nicht weiter darauf eingegangen werden, da dieses Thema in Abschnitt 5 Usability Testing detaillierter betrachtet wird.

---

[36] Richter, M. / Flückiger, M. (2010) S. 54
[37] Microsoft (2010)

3 INTERAKTIVE SYSTEME

Mit Bezug auf Software lässt sich Usability auf diejenigen Anwendungen projizieren, die über eine Benutzeroberfläche verfügen, die es dem Anwender erlaubt, mit der Anwendung zu interagieren. Solche Anwendungen werden als „interaktive Systeme" bezeichnet, da der Benutzer sind nur Zuschauer ist, sondern durch Tätigen von Aktionen wie beispielsweise der Eingabe von Daten oder der Betätigung von Schaltflächen den Programmfluss steuert. *Interaktive Systeme* sind zentrales Element im Forschungsgebiet der *Human-Computer-Interaction* („Mensch-Computer-Interaktion"), indem alle Möglichkeiten zur Interaktion zwischen Mensch und Computer diskutiert werden.

Dieser Abschnitt soll einen Überblick über interaktive Systeme geben und deren Merkmale sowie die Interaktionsmöglichkeiten näher betrachten. Weiter sollen Wege zur Bewertung interaktiver Systeme beschrieben werden.

Ein interaktives System besteht nach dem *IFIP-Modell* für Benutzungsschnittstellen[38] (IFIP = „International Federation for Information Processing"), das in Abbildung 3-1 dargestellt ist. Dieses Modell dient zur Differenzierung und Bewertung von Benutzerschnittstellen im Allgemeinen und bildet die Basis für die ISO-Norm 9241 (vgl. 2.2.2 ISO 9241 - Ergonomie der Mensch-System-Interaktion).

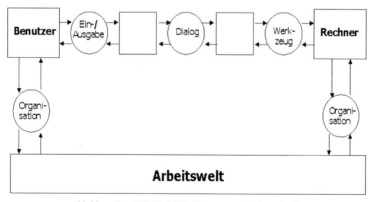

Abbildung 3-1: IFIP-Modell für Benutzungsschnittstellen[39]

---

[38] Nach Dzida, vgl. Herczeg, M. (2009) S. 156ff
[39] Entnommen aus: Herczeg, M. (2009) S. 157

DHBW Mannheim – Fakultät Technik - Melanie Fröscher - 249663 | Seite **20**

Die wesentlichen Komponenten sind die *Ein- und Aufgabeschnittstelle*, die *Dialogschnittstelle*, die *Werkzeugschnittstelle* sowie die *Organisationsschnittstelle*, die den Benutzer und den Computer mit der Arbeitswelt verbinden.

Diese Schnittstellen werden gemäß ISO 9241 um Qualitätskriterien ergänzt, um einen Maßstab zur Umsetzung und Überprüfung der einzelnen Schnittstellen zu erhalten (s.

Abbildung 3-2: Aspekte zur Bewertung von Benutzungsschnittstellen[40]

3.1 MERKMALE INTERAKTIVER SYSTEME

Durch die erlaubte bzw. erforderliche Interaktion des Benutzers mit dem System weisen solche Systeme besondere Merkmale auf. SCHENK UND RIGOLL führen die folgenden Punkte an, die charakteristisch für ein interaktives System[41]:

Weiter führen PREIM UND RIGOLL an, dass interaktive Systeme den Spaß an der Verwendung fördern, indem sie den Benutzer durch intuitive Ein- und Ausgabemöglichkeiten sowie benutzerorientierte Gestaltung der Oberfläche und Dialoge unterstützen. Zudem sollen die Systeme möglichst barrierefrei sein und den Arbeitsfluss des Benutzers nicht behindern. [42]

3.2 ENTWURFSPRINZIPIEN FÜR INTERAKTIVE SYSTEME

Neben den konkreten Gestaltgesetzen nennen PREIM UND DACHSELT eitere Entwurfsprinzipien, die die Effektivität und Effizienz von interaktiven Systemen fördern. Die Prinzipien lassen sich grob in zwei Gruppen einteilen: Zum einen allgemeine, kognitive

---

[40] Entnommen aus: Herczeg, M. (2009) S. 157
[41] Vgl. Schenk, J. / Rigoll, G. (2010) S. 71
[42] Vgl. Preim, B. / Dachselt, R. (2010) S. 199

Aspekte und zum anderen diejenigen Prinzipien, die die Benutzerschnittstelle direkt betreffen. PREIM UND DACHSELT führen aber auch an, dass „*aufgrund ihres allgemeinen Charakters [...] das Wissen über Entwurfsprinzipien durch die Kenntnis von konkreten Methoden zu ihrer Umsetzung ergänzt werden*"[43] muss. Die Prinzipien sollen an dieser Stelle kurz vorgestellt werden (vgl. auch Kapitel 2 Usability).[44]

3.2.1 Allgemeine, kognitive Prinzipien

- Durch die **Kenntnis potenzieller Benutzer und ihrer Aufgaben** soll ein Verständnis davon geschaffen werden, wer welche Aufgabe erledigen möchte und welche Ziele dabei verfolgt werden. Auch ist es wichtig zu wissen, aus welchem Umfeld der Benutzer kommt und welche Qualifikationen und Vorwissen er mitbringt. Dies kann im Zuge der Anforderungsanalyse in einer detaillierten Benutzeranalyse erfolgen.

- Die **Unterstützung beim Aufbau mentaler Modelle** hilft dem Benutzer, die Anwendung zu erlernen, Fehler auf Dauer zu vermeiden und die Bedienabfolgen zu behalten. Dies kann z.B. durch die Erzeugung von Metaphern erfolgen und durch geeignete Farbgebung (z.B. rot als Fehlerfarbe).

- Um die Anwendung für den Benutzer verständlich zu gestalten, sollte diese **Terminologie der Benutzer verwenden** und nicht die der Entwickler. Preim und Dachselt sehen im konsequenten und korrekten Einsatz der Benutzerfachsprache die effiziente Nutzung des Systems gesichert. Ebenso sollen unübliche Ausdrücke, (unübliche) Anglizismen oder Mehrdeutigkeiten vermieden werden. Hierzu können vorhandene Texte des Zielunternehmens auf Schlüsselwörter analysiert werden.

- Weiter soll durch geeignete Darstellung und Interaktion die **kognitive Belastung des Benutzers reduziert** werden, sodass dieser sich vollständig auf die Erledigung seiner Aufgabe konzentrieren kann. Hier wird auf die Speicherbegrenzung des Kurzzeitgedächtnisses (vgl. 2.3.2 Kognitionspsychologie) verwiesen, die ebenfalls Einfluss auf die Aufmerksamkeit des Benutzers hat (z.B. durch komplexe Dialoge, unübersichtliche Formulare, aufwändige Suche, Wartezeiten, etc.). Realisiert werden kann dies, indem unwichtige Informationen generell nicht angezeigt werden, wichtiges (wie z.B. der aktuelle Systemzustand oder ausgewählte Modus) sollten immer sichtbar sein.

---

[43] Preim, B. / Dachselt, R. (2010) S. 203
[44] Preim, B. / Dachselt, R. (2010) S. 203ff

Auch sollte das Wechseln von Ansichten oder Fenstern nicht ständig nötig sein, um den Arbeitsfluss nicht zu unterbrechen.

3.2.2 Die Benutzerschnittstelle betreffende Prinzipien (Auswahl)

• Die Benutzeroberfläche sollte (den Anforderungen und der Arbeitsaufgabe angemessen) **strukturiert** sein. Gleiche oder zusammengehörige Elemente sollten als solches kenntlich gemacht werden z.b. durch den Einsatz von Gruppierungen, gleicher Schriftart und –Größe, räumliche Zusammenfassung, etc. Gemäß den wissenschaftlichen Erkenntnissen kommt auch hier die *Miller'sche Zahl* zum Einsatz: Eine Gruppe an Elementen sollte nicht mehr als 5 Punkte umfassen. Zudem unterstützt die Gruppierung die Bildung von *Chunks* (vgl. 2.3.2 Kognitionspsychologie).

• Die Benutzeroberfläche sollte aus einer **Kombination an textuellen und visuellen Elementen** bestehen, die gemeinsam das Verständnis fördern. Bilder prägen sich meist besser ein als Text und sollten diesen weitestgehend ergänzen. Beispiele hierfür sind kleine Bilder in Menüleisten oder die bildhafte Darstellung von Meldungen wie z.B. ein gelbes Ausrufezeichen für eine Warnmeldung.

• Das System sollte stets eine **angemessene Rückkopplung** geben. Wichtig ist, dass die Reaktion des Systems unmittelbar nach der Benutzeraktion erfolgt, sodass der Benutzer die Meldung mit seiner Aktion verbinden kann. Hierzu zählen aussagekräftige Fehlermeldungen, der sparsame Einsatz an Fehler- und Hinweismeldungen, aber auch die Anzeige des aktuell aktiven Elements oder die farbliche Hervorhebung von markiertem Text.

• Dem Benutzer sollte die Möglichkeit gegeben werden, **Aktionen rückgängig zu machen oder sie abzubrechen**. Der Benutzer soll nicht gezwungen sein, eine Aufgabe fortzusetzen, wenn er nicht möchte oder kann. Auch verhindert es, dass mit der Eingabe von vorne begonnen werden muss, wenn eine falsche Eingabe gemacht wurde. In der Praxis gibt es in jedem Eingabefenster auch einen „Abbrechen"-Button, mit dem die Eingabe beendet werden kann. In aktuellen Text-Editoren lassen sich zudem die letzten Eingabeaktionen rückgängig machen oder wiederherstellen.

3.2.3 Beispiel zur Umsetzung der Entwurfsprinzipien

Folgende Abbildung 3-3 zeigt das Optionen-Menü von Microsoft Office Word 2010, an dem nun exemplarisch die Umsetzung der vorab aufgeführten Entwurfsprinzipien erläutert werden soll.

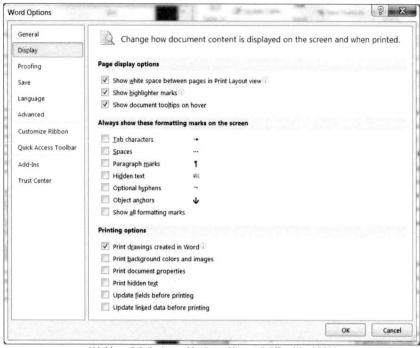

Abbildung 3-3: Optionen-Menü von Microsoft Office Word 2010

Zur **Strukturierung der Benutzeroberfläche** werden Gruppierungen verwendet, die jeweils mit einer Überschrift versehen sind und sich zudem räumlich von den anderen Bereichen getrennt sind. Auch die Trennung von Navigation (links) und Anzeigebereich (rechts) macht die Ansicht übersichtlicher.

Eine **Kombination von Text und Bild** findet sowohl beim Angebot von weiterführenden Informationen statt (Info-Bild hinter der jeweiligen Option), als auch durch Angabe des zugehörigen Bildes bei den Formatierungsoptionen. Diese Bilder finden sich später auch in der Menüleiste wieder, wodurch eine Konsistenz entsteht und die Bildung des mentalen Modells gefördert wird.

Angemessene Rückmeldung wird zum einen gegeben, wenn der Benutzer bei geöffnetem Optionen-Menü versucht, zu seinem aktuellen Word-Dokument zu navigieren. Hierbei fängt das Optionen-Menü-Fenster an zu flackern, was andeuten soll, dass dieses Fenster zunächst geschlossen werden muss, um weiter arbeiten zu können. Auch wird das Element, über dem sich die Maus gerade befindet, farblich hervorgehoben.

Der Benutzer hat hier die Möglichkeit, die **Eingabe zu verwerfen**, indem er den „Abbrechen"- bzw. „Cancel"-Button betätigt (unten rechts). Außerdem lassen sich alle Auswahlmöglichkeiten mehrfach bedienen, sodass diese entweder auf aktiv oder nicht aktiv gesetzt werden können.

4 THEORIE DES SOFTWARE TESTING

Als Grundlage für die folgenden Kapitel soll in diesem Abschnitt zunächst auf die Theorie des Software-Testing eingegangen werden. Zudem sollen die verschiedenen Arten sowie gängige Methoden zum Testen von Software erläutert und anhand des Anwendungsbereichs klassifiziert werden.

4.1 BEGRIFFSDEFINITIONEN

Zunächst soll eine Abgrenzung der Begriffe „Testen", „Fehlerentdeckung" und „Fehlerbehebung" durchgeführt werden, um das Verständnis für den Sachverhalt zu fördern.

Unter **Testen** versteht MYERS einen *„Prozeß, ein Programm mit der Absicht auszuführen, Fehler zu finden."*[45] Dieser Prozess ist Teil des Entwicklungszyklus und kann entweder regelmäßig (vornehmlich in iterativen Vorgehensweisen) oder einmalig (in phasenorientierten Arbeitsweisen) stattfinden. Weiter soll überprüft werden, dass eine Anwendung das tut, was sie soll und nicht tut, was sie nicht tun soll. Falsch ist die Annahme, ein Test soll die korrekte Funktionsfähigkeit einer Anwendung aufzeigen – hier ist genau das Gegenteil der Fall: *„Program testing can be used to show the presence of bugs, but never to show their absence"*[46].

Ziel des Testens ist also die **Fehlerentdeckung**. Dabei sollen durch verschiedene Testverfahren verschiedene Fehler aufgedeckt und dokumentiert werden.

Testen bedeutet allerdings nicht die Beseitigung von Fehlern. Die **Fehlerbeseitigung** findet nach der Fehlerentdeckung statt und wird meist in einer separaten Arbeitsphase (z.B. Nachbesserung) durchgeführt. Durch Anpassen der Anwendung werden die gefundenen Schwachstellen ausgelöscht und das Resultat in einem weiteren Testdurchlauf erneut geprüft.

4.2 PROBLEMSTELLUNGEN DES SOFTWARE TESTING

Ausgangspunkt für die Entwicklung von Software ist der Bedarf bzw. die Anfrage eines Kunden, der durch eine Anwendung sein Geschäft unterstützen will. Neben dem Kunden stellen auch der Entwickler selbst und das Unternehmen, das den Entwickler beschäftigt

---

[45] Myers, J.G. (2001) S.4
[46] Dijkstra, E., aus: Höfler, K. (2003) S. 10; Vgl. auch Myers, G.L. (2001) S. 13; S. 77

Anforderungen an die zu entwickelnde Anwendung. Da alle Parteien eine andere Sicht auf die Anwendung haben, variieren die gestellten Anforderungen und führen somit zu Konflikten:

- Der Kunde möchte eine Anwendung, die seinen Geschäftsbetrieb unterstützt und die dafür erforderlichen Funktionen erfüllt. Zudem soll die Anwendung keine Fehler verursachen. Auch soll sie einfach und unkompliziert zu nutzen sein.

- Der Entwickler möchte eine Anwendung, die die Kundenanforderungen erfüllt und fehlerfrei funktioniert. Hinzu kommt die Forderung nach wenig Aufwand bei der Anpassung bzw. Wartung der Anwendung.

- Das Unternehmen möchte eine Anwendung, die den Kunden zufriedenstellt. Auch sollen keine zusätzlichen Kosten durch fehlerhafte Anwendungsteile entstehen.

Wann ist die Anwendung „einfach" zu nutzen und wo liegt das Maß? Woher weiß der Entwickler, dass er die Anforderung des Kunden erfüllt? Kann eine Anwendung vollständig fehlerfrei sein bzw. entsteht niemals Aufwand für die Fehlersuche und – Behebung? Hierzu ein Beispiel[47]:

In einer der ersten Versionen der US-amerikanischen Frühwarnsysteme sollten unbekannte Flugobjekte ausfindig gemacht und identifiziert werden. Wenn nötig sollten Abwehrmaßnahmen eingeleitet werden. Das System erkannte den Mond als feindliches Flugobjekt. War es ein Softwarefehler?

- Aus der Sicht des Benutzers: ja.
- Aus der Sicht der Systementwickler: nein; Die Anforderung der Benutzer lautete, jedes bewegliche Objekt aufzuspüren, das kein friedliches Flugzeug ist.

Neben diesen Anforderungen stellt auch die Beschaffenheit von Software allgemein ein Problem dar. Software ist – im Gegensatz zu Hardware – immateriell und kann daher schwer gemessen werden. Um zu überprüfen, ob eine Software die Anforderungen erfüllt, müssen aber Indikatoren gefunden werden, die einen Vergleich ermöglichen.

Ein weiterer Aspekt ist die generelle Fehlerunfreiheit von Software: *„Im allgemeinen ist es nicht machbar, oft unmöglich, alle Fehler eines Programmes zu finden."*[48] Dies impliziert, dass in jedem Programm Fehler vorhanden sind. Und obwohl sich Entwickler – so die Annahme – stets bemühen, fehlerfreie Anwendungen zu schreiben, gelingt ihnen dies nicht. Diese Tatsache lässt sich wie folgt begründen: Um wirklich sicher sein zu können, dass eine Funktion fehlerfrei ist, müssten für alle *richtigen* und alle *möglichen* Eingabe-

---

47 Vgl. Myers, G.L. (2001)
48 Myers, G. L. (2001) S. 6

werte Testfälle erzeugt werden. Bezieht man dieses Prinzip auf eine Methode, die Zahlen im Wertebereich von 1 bis 100 multipliziert, so sind es insgesamt 100^{50} (von 1 x 1 bis 100 x 100, eine Zahl mit 100 Nullen). Daraus folgt ein sehr großer Zeit- und Kostenaufwand, weshalb solche Tests nicht durchgeführt werden. Es bleibt also bei der Sicherheit, dass die Fehlerfreiheit für eine Anwendung niemals garantiert werden kann.[49]

4.3 HERAUSFORDERUNGEN DES SOFTWARE-TESTING

Impliziert aus Problemstellungen, die sich mit Bezug auf Softwaretests identifizieren lassen, können die folgenden Herausforderungen genannt werden:

- Der Entwickler muss verstehen, was der Kunde sagt und deuten, was er möchte. Im schlimmsten Fall erhält der Kunde eine Anwendung, mit der er nichts anfangen kann. Der Entwickler muss an dieser Stelle nicht unbedingt schlechte Arbeit geleistet haben – die Anwendung kann sehr gut sein – aber eben nicht für diesen Kunden mit diesen Anforderungen (vgl. Abbildung 1-1 im Einführungskapitel).

- Je nach zu entwickelnder Anwendung können die erforderlichen bzw. möglichen Testverfahren und –Strategien variieren. An dieser Stelle muss detailliert abgewogen werden, wann welcher Test durchgeführt wird, welche Fehler gefunden und wann diese aufgedeckt werden können.

- Mit dem Wissen, dass in jeder Anwendung Fehler existieren, ist die Auswahl der Testfälle von großer Bedeutung. Diese sollten mit der Anforderungsspezifikation übereinstimmen und wirtschaftlich sein. Es ist unwirtschaftlich und nahezu unmöglich, alle Testfälle abzudecken, um die komplette Fehlerfreiheit einer Anwendung zu garantieren. Vielmehr sollten aus den Ergebnissen gut gewählter Testfälle Annahmen über das Verhalten der Anwendung in ähnlichen Fällen getroffen werden.

- Eine weitere Herausforderung besteht darin, die richtigen Testpersonen zu benennen. Die Überprüfung eines Kalkulations-Ergebnisses kann beispielsweise automatisch erfolgen, indem der erwartete Wert angegeben wird. Schwieriger wird es, wenn es um die Aufdeckung logischer Fehler geht; *„Fehler in der eigenen Arbeit zu finden, scheint der menschlichen Psyche zuwiderzulaufen".*[50] Deshalb ist es ratsam, die Fehlersuche durch andere Personen als die Entwickler selbst durchführen zu lassen.

---

[49] Vgl. Myers, G.L.(2001) S. 8
[50] Myers, G.L. (2001) S. 12

4.4 NUTZEN UND ZIELE DES SOFTWARE-TESTING

Vorrangig haben Softwaretests zum Ziel, die Qualität der gelieferten Anwendungen zu sichern (**Qualitätssicherung**). Die Qualität wird maßgeblich von den Anforderungen des Kunden und derer Umsetzung bestimmt. Funktioniert die Anwendung nicht wie erwartet, kann sie u.U. nicht für den vorgesehenen Einsatz genutzt werden.

Weiter haben Tests das Ziel, die technische **Funktionsfähigkeit** sicherzustellen. Hierbei wird geprüft, ob die Anwendung die geforderten Funktionen erfüllt und diese fehlerfrei ausführt. Zudem wird die Anwendung aus inhaltlicher Sicht auf Vollständigkeit und Eignung mit Bezug auf die vorher definierten Anforderungen geprüft. Dabei bezieht sich die Korrektheit immer auf die Anforderungen des Kunden, nicht auf die des Entwicklers.

Auch dienen Tests dazu, die **Sicherheit** einer Anwendung zu belegen. So werden sicherheitskritische bzw. –relevante Aspekte näher betrachtet, um mögliche Schwachstellen in der Anwendung sichtbar zu machen, die durch Angreifer ausgenutzt werden könnten.

Besonders durch den Zeitpunkt der Test-Durchführung kann Einfluss auf die **Fehlerkostenentwicklung** genommen werden. Fehlerkosten fallen an, wenn ein Fehler entdeckt und bereinigt werden soll. Nach der „10er-Regel" verzehnfachen sich die Kosten mit jeder Projekt- bzw. Lebensphase, die zwischen der Entstehung und der Entdeckung eines Fehlers vergeht (s. Abbildung 4-1).[51]

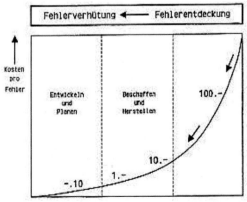

Abbildung 4-1: 10er-Regel bei der Fehlerkostenentwicklung[52]

---

[51] Vgl. Krems, B. (2010)
[52] Entnommen aus: Krems, B. (2010)

Letztendlich soll durch alle genannten Aspekte die **Kundenzufriedenheit** erreicht oder gesteigert werden, da der Kunde die Anwendung angefordert hat.

4.5 KLASSIFIZIERUNG VON SOFTWARE TESTS

Um Software zu testen, haben sich verschiedene Testverfahren und -Methoden entwickelt, mit denen sich Anwendungen zum einen auf ihre Funktionalität und zum anderen auf ihre qualitativen Eigenschaften hin überprüfen lassen. Bevor diese Verfahren vorgestellt werden, soll zunächst der Versuch unternommen werden, die Verfahren anhand ausgewählter Merkmale zu klassifizieren, um dieser leichter gegenüberstellen zu können. Dabei ist anzumerken, dass sich die folgenden aufgeführten Test-Klassifikationen nicht gegenseitig ausschließen.

Statischer und dynamischer Test
Auf oberster Ebene lassen sich die Testverfahren zunächst in *statische* und *dynamische* Vorgehen einteilen. Ein *statischer Test* ist ein Test, der ohne die Ausführung der zu testenden Anwendung durchgeführt wird. Dabei geht es vorranging um die Verifizierung und Analyse der Anwendungslogik bzw. deren Struktur, die innerhalb von Quellcode-Begutachtungen und -Besprechungen durchgeführt werden. Beispiele hierfür sind das *Software-Review* und die *statische Analyse* (vgl. 4.6 Arten von Software-Tests). Dem entgegen steht der *dynamische Test*, bei dem die Ausführung der Testanwendung notwendig ist. Ein Beispiel für einen dynamischen Test ist der *Modultest* (vgl. 4.6 Arten von Software-Tests).

Funktionsorientierter und strukturorientierter Test
Ein weiterer Klassifizierungsansatz bezieht sich auf *dynamische Tests*: Ein Test kann entweder funktionsorientiert oder strukturorientiert sein. Bei einem funktionsorientiertem Test wird die Anwendung ausgeführt mit der Absicht, die in den Spezifikationen aufgeführten Funktionen zu überprüfen. Er sollte bei jedem Testverfahren durchgeführt werden, denn *„ein Test ohne systematische funktionsorientierte Testplanung ist als ungenügend zu betrachten."*[53] Bei einem strukturorientierten Test wird die Anwendung hinsichtlich der Funktionsimplementierung, d.h. durch Analyse des Quellcodes getestet.

---

[53] Liggesmeyer, P. (2009) S. 49

Blackbox- und Whitebox-Test

Die Abgrenzung zwischen *Blackbox-* und *Whitebox-Test* bezieht sich auf das, was dem Tester von der Anwendung bekannt ist. Bei einem *Blackbox-Test* (auch *datengetriebener* oder *Ein-/Ausgabe-Test*) erscheint die Anwendung als schwarze, undurchsichtige Box, sodass nur die Eingabe und die Ausgabe sichtbar sind. Hierbei liegt der Fokus nicht auf der internen Funktionsweise oder Struktur, sondern auf den Ergebnissen auf Basis der Eingabewerte (und die wiederrum werden aus der Anforderungsspezifikation abgeleitet). Ein *Blackbox-Test* wird meist mit speziellen Testpersonen oder einem Testteam ungleich dem Entwicklungsteam durchgeführt. Im Gegensatz dazu wird innerhalb eines *Whitebox*-Tests (auch *logisch-orientierter Test*) die interne Funktionsweise und Struktur der Anwendung betrachtet (in diesem Fall ist die Box durchsichtig und erlaubt einen Blick in das Innere). Hierbei geht es um die Ausführung und Überwachung von Quellcode-Segmenten und deren logische Korrektheit.[54] Der *Whitebox-Test* wird durch die Entwickler oder Personen, die Einblick in die Entwicklung haben und den Quellcode kennen, durchgeführt.

Zusammenfassend lassen sich folgende Merkmale identifizieren, anhand derer Software-Test-Verfahren klassifiziert werden können (s. **Error! Reference source not found.**):

Merkmal	Möglichkeiten
Art der zu testenden Anforderung	Funktional (quantitativ) Nicht-funktional (qualitativ)
Automatisierungsgrad	Automatisch Manuell
Zeitpunkt des Tests	Regelmäßig / nach Änderung, , je Phase Einmalig / bei Fertigstellung
Basis der Testfälle	Spezifikation (Funktionsorientiert) Programmlogik (Strukturorientiert)
Beteiligte Personen	Entwickler Unabhängige Testperson Kunde
Testaspekt	Funktionsfähigkeit Zusammenspiel / Schnittstellen Benutzbarkeit

Tabelle 4-1: Klassifizierungsmerkmale für Software-Tests

Art der zu testenden Anforderung: Grundsätzlich wird zwischen funktionalen und nicht-funktionalen Anforderungen unterschieden. Funktionale Anforderungen sind die-

---

[54] Vgl. Myers, G.L. (2001) S. 6ff

jenigen, die quantitativ messbar sind. Eine Kalkulationsmethode liefert bei gleichen Eingangszahlen immer das gleiche (erwartete) Ergebnis. Nicht-funktionale Anforderungen sind qualitativer Natur, deren Erfüllung zum einen auf Grenzwerten (wie z.B. die maximale Zeit, bis ein Programm gestartet ist), zum anderen auf dem subjektiven Empfinden des Benutzers (z.B. schnelle Erlernbarkeit) basiert.

Automatisierungsgrad: Bei großen Anwendungen und somit viel Tests können diese automatisch oder manuell durchgeführt werden. Automatische Tests können durch spezielle Testanwendungen selbstständig durchgeführt werden. Dies ist nur für quantitative Testverfahren möglich, da hier das erwartete Ergebnis mit dem tatsächlichen Ergebnis verglichen werden kann. Manuelle Tests werden einzeln durch den Entwickler oder mit Testpersonen bzw. dem Benutzer durchgeführt.

Zeitpunkt des Tests: Wann ein Test durchgeführt wird, hängt von den zu testenden Aspekten und des gewählten Vorgehensmodells ab. Ein Test kann also entweder regelmäßig (stets nach Änderungen des jeweiligen Anwendungsteils) oder einmalig (z.B. am Ende der Entwicklung) stattfinden.

Basis der Testfälle: Die Grundlage zur Definition der Testfälle kann entweder die Anforderungsspezifikation des Kunden sein oder aber das Programm selbst. Wird gegen die Spezifikation getestet, bleibt die tatsächliche Implementierung einer Funktion verborgen und es werden ausschließlich im Pflichtenheft angegebene Ein- bzw. Ausgaben berücksichtigt. Im Gegensatz dazu wird beim direkten Programmtest die Implementierung betrachtet und mögliche sowie erlaubte Werte auf deren Abarbeitung geprüft.

Beteiligte Personen: Je nach Anwendung und Testart variieren die Personen, die am Testverfahren beteiligt sind. Bezieht sich ein Test beispielsweise auf die Analyse des Quellcodes, ist es ratsam, die Entwickler einzubeziehen und durch unabhängige Testpersonen, die die Materie verstehen, zu ergänzen. Handelt es sich um einen Test, bei dem die Funktionalität einer Anwendung überprüft werden soll, können Testpersonen herangezogen werden, die die jeweilige Ziel- oder Benutzergruppe der Anwendung repräsentieren.

Testaspekt: Auch lassen sich Testmethoden hinsichtlich des zu testenden Aspekts unterscheiden. Hier können zum einen die Funktionsfähigkeit (d.h. die Überprüfung, ob die Anwendung das tut, was sie soll) und zum anderen die interne Struktur (d.h. der logische Aufbau und die interne Kommunikation einzelner Programmteile) unterschieden werden. Ein weiterer Aspekt, der in Abschnitt 5 Usability Testing detaillierter betrachtet wird, ist die Benutzbarkeit einer Anwendung, die unabhängig von Quellcode oder Funktionalität ist.

4.6 ARTEN VON SOFTWARE-TESTS

Um die verschiedenen Arten an Tests und deren Einordnung in den Entwicklungsprozess zu verdeutlichen, wird das in der Literatur oft angeführte „V-Modell" herangezogen. Das V-Modell ist ein Vorgehensmodell aus dem Bereich der Software-Entwicklung, dass jeder Entwicklungsphase einen angemessenen Test zuordnet, um die bis dahin erfassten bzw. umgesetzten Kundenanforderungen und Funktionen zu testen (vgl. Abbildung 4-2).

Das Modell trägt den Namen „V-Modell", da die Projektphasen in Form eines „V" angeordnet sind. Die linke Seite des „V" führt die einzelnen Entwicklungsphasen auf, denen auf der rechten Seite des „V" auf gleicher Höhe der jeweilige Test zugeordnet wird. Im inneren Bereich des „V" wird die jeweilige Grundlage für die durchzuführenden Tests angeführt.

Abbildung 4-2: V-Modell der Software-Entwicklung[55]

---

[55] Entnommen aus: Wallmüller, E. (2001) S. 131

Komponententest

Ein Komponententest oder auch *Modultest* bzw. *Unit-Test* (in Abbildung 4-2 als *Einzeltest* bezeichnet) bezieht sich auf größere Anwendungen, die aus mehreren Einheiten (Komponenten bzw. Modulen) zusammengesetzt sind. Der Test betrachtet nicht die Anwendung als Ganzes, sondern zunächst nur deren Einzelteile, die separat voneinander getestet und korrigiert werden. Der Test des Zusammenspiels der einzelnen Komponenten wird dann in einem *Integrationstest* überprüft. Hier kann nun entweder *inkrementell* oder *nicht-inkrementell* vorgegangen werden: Entweder, es werden alle einzelnen Module separat und abschließend deren Zusammenspiel getestet (*nicht-inkrementell*), oder aber jedes getestete Modul wird mit den benachbarten Modulen verbunden und sofort auf korrekte Zusammenarbeit getestet (*inkrementell*). MYERS sieht im *Modultest* die Vorteile einer besseren Fehlerlokalisierung sowie –Korrektur, als auch die mögliche Parallelität beim Testen mehrerer Module.[56]

Integrationstest

Bei einem Integrationstest wird eine Anwendung auf die erfolgreiche Integration ihrer Komponenten zu einem großen Ganzen getestet. Dabei geht vorranging um die Schnittstellen, über die die einzelnen Komponenten miteinander kommunizieren, aber auch um die Anbindung an externe Systeme wie beispielsweise eine Datenbank.[57] In Anlehnung an den Komponententest lässt sich auch hier zwischen inkrementellem und nicht-inkrementellem Vorgehen unterscheiden.

System-Test

Unter *System-Test* oder auch *Stress-* bzw. *Performance-Test* versteht man die Überprüfung der Funktionsfähigkeit einer Anwendung unter extremer Belastung. Dabei kann die Belastung durch generelle Rechenleistung des Systems oder aber durch die maximale Anzahl an Benutzern ausgedrückt werden. Diese Tests werden meist mit Hilfe von diversen Testwerkzeugen automatisiert durchgeführt und erfordern lediglich bei der Definition der Testfälle ein Eingreifen des Entwicklers. Eine Sonderform des *Stress-Tests* ist der *Crash-Test*, bei dem versucht wird, die zu testende Anwendung zum Abstürzen zu bringen. In welchen Fällen solch ein Test notwendig ist, hängt von der Anforderungsspezifikation des Kunden ab.

---

[56] Vgl. Myers, G.L. (2001) S. 77
[57] Vgl. Wirtz, G. (2010)

Akzeptanztest

Der Akzeptanz-Test wird wie der Systemtest auch in Zusammenarbeit mit dem Kunden bzw. Auftraggeber durchgeführt, der die Anwendung daraufhin prüft, ob die alle Funktionen und Qualitätsmerkmale erfüllt, die bei Auftragsabschluss gefordert waren. Dabei nutzt der Kunde (in diesem Fall die Testperson) die Anwendung für die Aufgaben, für die sie entwickelt wurde und gibt den Entwicklern eine Rückmeldung darüber, ob er die Anwendung so akzeptiert, wie sie ist. Teil des *Akzeptanztests* ist der *Systemtest*, in dem die Anwendung auf ihre Leistung hin überprüft wird.

Software-Review und Software-Inspektion

Software-Review und *Software-Inspektion* sind manuelle Testverfahren, die durch gemeinsame Begutachtung und Kommentierung der Anwendung bzw. deren Spezifikation oder Dokumentation durchgeführt wird. Dabei werden die Prüfungsunterlagen durch Tester, Entwickler und weitere Beauftragte gemeinsam kommentiert, was einer Art Qualitätskontrolle entspricht. Eine Inspektion ist im Gegensatz zu einem Review sehr aufwändig, aber dafür auch sehr effektiv. LIGGESMEYER sieht die manuellen Verfahren besonders in frühen Projektphasen angebracht, um die Spezifikationen und Entwürfe für die neue Anwendung zu überprüfen.[58]

---

[58] Vgl. Liggesmeyer, P. (2009) S. 305

5 USABILITY TESTING

Nachdem nun ein Überblick über das Software Testing sowie dessen Nutzen und Anwendungsbereich geschaffen ist, soll an dieser Stelle detaillierter auf das Usability Testing eingegangen werden.

Ein *Usability Test* (Benutzbarkeitstest) dient der Überprüfung der Benutzbarkeit und Gebrauchstauglichkeit einer Anwendung in einem bestimmten Kontext und *„simuliert in der Durchführung ganz allein den Praxisfall"*[59]. Als Ergebnis stehen Stärken und Schwächen einer Anwendung einander gegenüber und dienen als Basis für weitere Entwicklungsmaßnahmen.

5.1 PROBLEMSTELLUNG

Usability – die Benutzbarkeit einer Anwendung – und auch die User Experience – die Wahrnehmung und Empfindung der Benutzer bei der Verwendung einer Anwendung sind durch zahlreiche psychologische und physiologische Faktoren beeinflusst (vgl. 2.3 Wissenschaftliche Grundlage). Impliziert durch die Charakteristik der Usability und der Herausforderung, diese zu erreichen (vgl. 2.5 Herausforderungen von Usability) können auch für die Überprüfung der Benutzbarkeit – dem Usability Testing – diverse Problemstellungen identifiziert werden, die durch geeignete Planung, Vorgehensweise sowie ausgewählte Methoden und Techniken behoben werden müssen.

- Im Gegensatz zu funktionalen Anforderungen bzw. Funktionen, die eine Anwendung erfüllt oder nicht gibt es für die Benutzbarkeit einer Anwendung keine allgemeingültigen Indikatoren bzw. Messgrößen, um diese zu überprüfen. *„Eine Eigenschaft wie die Usability [...] kann wissenschaftlich nur gemessen werden, wenn Parameter gesetzt werden."*[60] Dies kann beispielsweise durch Verwendung der in der ISO-Norm 9241 definierten Merkmale und Leitsätze (vgl. 2.2.2 ISO 9241 - Ergonomie der Mensch-System-Interaktion) erfolgen.

- Durch den subjektiven Charakter der Usability ist es einzig von den Benutzern abhängig, ob eine Anwendung benutzbar ist oder nicht. Hierfür ist es wichtig, die richtigen Testfälle zu definieren sowie die richtigen Testpersonen auszuwählen. An dieser

---

[59] Gizycki, V. / Beier, M. (2002) S. 76
[60] Gizycki, V. / Beier, M. (2002) S. 76

Stelle kann angeführt werden, dass eine Anwendung „aber vor allem dann eine hohe Usability

- Ebenfalls durch den subjektiven Charakter der Usability impliziert, existieren nur wenige Ansätze zur Automatisierung der Tests. Es muss – *wie beim Usability Engineering* auch – eng mit dem Benutzer zusammen gearbeitet und dieser durch geeignete Methoden und Techniken in den Prozess eingebunden werden.

5.2 KLASSIFIKATION VON USABILITY-TESTS

Ebenso wie die funktionalen Testverfahren (vgl. 4 Theorie des Software Testing) lassen sich auch Usability-Testmethoden anhand mehrerer Merkmale klassifizieren. An dieser Stelle sollen die gängigen Klassifizierungsansätze erläutert und die Kriterien zur Unterscheidung allgemein zusammengefasst werden.

Empirischer und analytischer Test
Empirische und *analytische Testverfahren* unterscheiden sich hinsichtlich der rekrutierten Testpersonen. Ein *analytisches Testverfahren* – auch *Expertentest* genannt – wird von Personen durchgeführt, die die Anwendung später zwar nicht (oder nur gering) nutzen, dennoch ausreichend Wissen über Einsatzbereich (Kontext) und Benutzung (Anwendungsbezug) der Testanwendung haben. Sie werden daher aus als Experten bezeichnet, die die Zielgruppe repräsentieren und Annahmen darüber machen können, wie die tatsächlichen Benutzer bewerten. Dies können Personen aus dem Entwicklungsteam oder aber Usability-Experten sein. Diese Art ist zum einen zeitsparend, da der Test meist unmittelbar stattfinden kann, weil die Testpersonen verfügbar sind und zum anderen kostengünstig, da kein weiterer Organisationsaufwand (z.B. durch Rekrutierung von Testpersonen, Reservierung von Testräumen) anfällt. Beispiele für *analytische Testverfahren* sind der *Cognitive Walkthrough* oder die *heuristische Evaluation* (vgl. 5.3 Methoden und Techniken des Usability Testing). Auf der anderen Seite sind Experten keine Benutzer und haben ggf. eine andere Herangehensweise oder andere Anmerkungen zur Anwendung.

Ein *empirisches Testverfahren* - auch als *Benutzertest* bezeichnet - wird mit echten Anwendern durchgeführt, die später auch tatsächlich mit der Anwendung arbeiten werden.

Da diese den „*absoluten Bewertungsmaßstab*"[61] darstellen, ist diese Testart dem Expertentest wenn möglich vorzuziehen. Da ein Usability Test aber in frühen sowie in späten
Entwicklungs- bzw. Projektphasen durchgeführt werden kann, ist es u.U. für die Testpersonen nötig, mehrfach am Testverfahren teilzunehmen, wofür diese sich Zeit einpla-
nen müssen. Beispiele hierfür sind Die *Blickaufzeichnung* oder die *Pfad- und Klickanalyse*
(vgl. 5.3 Methoden und Techniken des Usability Testing).

Synchroner und asynchroner Test
Bei einem *synchronen Test* ist – im Gegensatz zu einem *asynchronen Test* – stets ein Testleiter oder eine andere überwachende Person bei der Testdurchführung dabei. Dabei
kann der Test entweder in einem Testlabor vor Ort oder aber von einem beliebigen
Computer aus durchgeführt werden (*Remote Test*). Der Testleiter übernimmt die Rolle
eines Moderators, der gezielte Fragen an die Testperson richtet. Die Testperson führt
den Test am Computer durch und antwortet dem Moderator, wenn dieser eine Frage
stellt. Die Remote-Variante eignet sich besonders dann, wenn die Testperson schwer zu
erreichen oder eine Anfahrt in das Testlabor unmöglich ist. Hier sind Moderator und
Testperson über das Internet verbunden und der Moderator hat die Möglichkeit, den
Bildschirm der Testperson zu überwachen.[62]

Qualitativer und quantitativer Test
Grundsätzlich ist die Benutzbarkeit einer Software ein qualitatives Merkmal, das sich
aus dem Empfinden des Benutzers ableiten lässt. Wie eingangs aber erwähnt, lässt sich
die Benutzbarkeit nur dann effektiv messen, wenn dafür Indikatoren bzw. Kriterien definiert und auf Basis derer Daten gesammelt werden. Die Unterscheidung zwischen qua-
litativem und quantitativem Test ist daher sind ganz trivial.

Ein *qualitativer Test* basiert auf rein subjektiven Informationen der Testpersonen, die
durch Gefühle, Meinungen, Problemstellungen und Eindrücke beeinflusst werden. Dies
sind beispielsweise Anmerkungen zur Farbgestaltung einer Anwendung in Form von
Aussagen wie „die Farbe ist schön". Diese Aussage lässt sich erst mal nicht quantitativ
und systematisch bewerten, da es kein Bewertungsmaß gibt.

Ein *quantitativer* Test ergänzt den *qualitativen* Test um systematisch erhobene und
auswertbare Daten, wie dies z.B. in Form eines Fragebogens erfolgen kann. Beantwortet

---

[61] Gizycki, V. / Beier, M. (2002) S. 77
[62] Vgl. Usability-Toolkit (2011)

die Mehrheit der Testpersonen die Frage „Finden Sie die Farbgebung für die Anwendung angemessen?" mit „Ja", so erhält man ein quantitatives Messergebnis aus einer Frage qualitativen Charakters.

Zusammenfassend lassen sich auch an dieser Stelle folgende Merkmale identifizieren, die als Klassifikationsbasis für Usability-Testverfahren fungieren (s. **Error! Reference source not found.**, vgl. auch 4.5 Klassifizierung von Software Tests):

Merkmal	Möglichkeiten
Beteiligte Personen	Nur Testpersonen
	Testpersonen und Entwickler/Testleiter
Zeitpunkt des Tests	Regelmäßig / nach Änderung, je Phase
	Einmalig / bei Fertigstellung
Gesammelte Daten	Qualitativ / Quantitativ
Art des Datensammelns	Verbal / Mitschrift
	Automatische Ergebung durch Programm

Tabelle 5-1: Klassifizierungsmerkmale für Usability-Tests

5.3 METHODEN UND TECHNIKEN DES USABILITY TESTING

Wie alle anderen Software-Testverfahren lassen sich auch die Methoden und Techniken des Usability Testing den verschiedenen Projekt- bzw. Entwicklungsphasen zuordnen. Natürlich sollte von Anfang an darauf geachtet werden, dass die Benutzer in den Entwicklungsprozess mit einbezogen werden. Aber es ist nicht die Regel, dass bereits vorliegende Ergebnisse regelmäßig durch die Benutzer überprüft werden. RICHTER UND FLÜCKIGER sprechen hier von den *„vergessenen Benutzern"*[63], die entweder gar nicht oder erst nach Abschluss der Entwicklung einer Anwendung hinzugezogen werden. Um die Möglichkeiten zur Integration von Usability-Tests in den Entwicklungsprozess aufzuzeigen, sollen die hier vorgestellten Methoden und Techniken erläutert werden. Zusätzlich bietet eine tabellarische Übersicht zu jeder aufgeführten Methode einen Überblick über mögliche Fragestellungen, Vor- und Nachteile, Klassifikation und Anwendungszeitpunkt.

Focus Groups (Fokus-Gruppen)
Die Methode der *Fokusgruppe* – auch *Gruppendiskussion* genannt – ist ein formaler, strukturierter und verbaler Austausch von Meinungen und Erkenntnissen über die zu testende Anwendung. Dabei wird dieser Test mit einer Gruppe von Testpersonen und

---

[63] Richter, M. / Flückiger, M. (2010) S. 10

einem Moderator durchgeführt. Der Moderator hat lediglich die Aufgabe, die Diskussion zu starten und das Geschehen zu verfolgen. Charakteristisch an diesem Vorgehen ist die Anzahl der Testpersonen: Eine Gruppe an Personen diskutiert gemeinsam über die Testanwendung, sodass ich durch andere Aussagen und Meinungen ggf. weitere, neue Erkenntnisse ableiten lassen.

Klassifikation	Empirisch, synchron Benutzer, Zielgruppenrepräsentanten
Fragestellungen	Was wird wahrgenommen? Welche durchschnittliche Betrachtungsdauer haben verschiedene Ansichten? Welche durchschnittliche Betrachtungsdauer haben einzelne Elemente? Wie oft werden Inhaltsbereiche vom Blick erfasst?
Erfasste Daten	Meinungen, Empfindungen Vor- und Nachteile der Anwendung (subjektiv)
Vorteile	Diskussion bietet Grundlage für neue Ideen und Gedanken Mehrere Meinungen spielen zusammen
Nachteile	Zeitaufwändig Anwendung wird nicht ausgeführt
Zeitpunkt	Entwurfsphase (Prototyp), Betriebsphase (Endversion)

Tabelle 5-2: Überblick über die Methode „Focus Groups"

Heuristische Evaluation

Die *heuristische Evaluation* ist ein *analytisches Testverfahren*, das auf bekannten Problemen anderer Anwendungen basiert und diese als Testgrundlage für die zu testenden Anwendung heranzieht. Weiter werden z.B. die Gestaltgesetze für interaktive Systeme (vgl. **Error! Reference source not found. Error! Reference source not found.**) herangezogen, um diese auf ihre Erfüllung zu überprüfen. Dabei werden die Ergebnisse (vornehmlich Probleme und Schwachstellen) bereits absolvierter Tests gesammelt, aufbereitet und dokumentiert. Im Zuge der Testdurchführung wird die zu testende Anwendung primär auf das Vorhandensein oder die Abwesenheit der dokumentierten Probleme geprüft. Wichtig dabei ist, dass sich die zu testende Anwendung mit den Anwendungen gleicht, bei denen die Probleme festgestellt wurden. Die heuristische Evaluation ist durch ihre geringe Formalität und einfache Durchführung sehr kostengünstig und wird in der Literatur auch als „*Discount usability engineering*"-Methode[64] bezeichnet.

Klassifikation	Analytisch, synchron/asynchron Entwickler, Usability-Experten

[64] Nielsen, J. (1994) S. 160

Fragestellungen	Bestehen bekannte Probleme?
	Werden Leitsätze umgesetzt?
	Welche Probleme sind potentiell?
Erfasste Daten	Erfüllung von Leitsätzen
	Vergleichswerte
Vorteile	Zeitsparend
	Kostengünstig
Nachteile	Keine Begründung für Problematiken
Zeitpunkt	Entwurfsphase (Prototyp), Betriebsphase (Endversion)

Tabelle 5-3: Überblick über die Methode „Heuristische Evaluation"

Cognitive Walkthrough

Cognitive Walkthrough (kognitives Durchlaufen) ist ebenfalls wie die heuristische Evaluation ein *analytisches Testverfahren*, bei dem s.g. Experten zum Einsatz kommen. Ausgehend von einer bestimmten zu lösenden Aufgabe sind die Experten – moderiert durch einen Usability-Experten - dazu aufgefordert, die einzelnen Handlungsschritte zu durchdenken. Charakteristisch für diese Variante ist, dass dies nicht durch Ausführung der Anwendung geschieht, sondern rein gedanklich (passiv) abläuft. Ziel ist es, mögliche Probleme bei der Erledigung der jeweiligen Aufgabe zu erkennen und diese zu protokollieren. Eine Diskussion unter den testenden Experten ist erwünscht.

Klassifikation	Analytisch, synchron
	Entwickler, Usability-Experten
Fragestellungen	Ist die Anwendung logisch?
	Was ist positiv / negativ?
	Was wird besonders kritisch betrachtet?
Erfasste Daten	Meinungen und Empfindungen
	Persönliche Vor- und Nachteile
Vorteile	Zeitsparend
	Kostengünstig
	Kein Planungsaufwand für Testperson-Rekrutierung
Nachteile	Experten sind keine Benutzer
	Denkfehler verfälschen das Ergebnis
Zeitpunkt	Entwurfsphase (Prototyp), Betriebsphase (Endversion)

Tabelle 5-4: Überblick über die Methode „Cognitive Walkthrough"

Fragebogen und Interview

Die Ausgabe eines *Fragebogens* oder die Durchführung eines *Interviews* kann zusätzlich zu anderen Methoden und Techniken erfolgen und dient dazu, die subjektiven Eindrücke und Meinungen der Testpersonen bzw. Benutzer zu erfassen. Dies ist insbesondere zur Analyse der *User Experience* von Vorteil.[65]

Der *Fragebogen* enthält spezifische, sorgfältig ausgewählte Fragen zur Testanwendung und zum Benutzungskontext dergleichen und wird von den Testpersonen in schriftlicher Form beantwortet. Dies kann elektronisch erfolgen, sodass die Auswertung automatisiert erfolgen kann. Im Gegensatz zum *Interview* lassen sich mit dem Fragebogen viele Ergebnisse in kurzer Zeit sammeln.

Im *Interview* werden der Testperson verbal Fragen gestellt und die Antworten darauf schriftlich dokumentiert. Vorteilig an dieser Variante ist, dass ggf. weitere wichtige Informationen aus dem Dialog gezogen werden können, die bei der starren Beantwortung von Fragen in einem *Fragebogen* nicht erkannt werden würden.

Klassifikation	Empirisch, synchron/asynchron
	Benutzer, Zielgruppenrepräsentant
Fragestellungen	Wie wirkt die Anwendung?
	Welches Empfinden hat die Testperson?
	Ist die Anwendung logisch aufgebaut?
	Erfüllt die Anwendung die Erwartungen?
Erfasste Daten	Meinungen und Empfindungen
	Persönliche Vor- und Nachteile
Vorteile	Fragebogen: Zeitsparend und effizient
	Elektronisch auswertbar
	Interview: Ggf. weitere Informationen über Fragen hinaus
Nachteile	Aufwand durch Fragenkonzeption
	Ggf. die falschen Fragen verwendet
Zeitpunkt	Entwurfsphase (Prototyp), Betriebsphase (Endversion)

Tabelle 5-5: Überblick über die Methoden „Fragebogen" und „Interview"

Blickaufzeichnung (Eye Tracking)

Die *Blickaufzeichnung* ist eine weitere Möglichkeit, die Testpersonen bei dem Einsatz der zu testenden Anwendung zu beobachten bzw. deren Verhalten und Interaktion zu dokumentieren. Dabei wird mit Hilfe einer Kamera und einer speziellen Software die Blickrichtung der Testpersonen erfasst und die gesammelten Daten elektronisch aufbereitet. Anlage E zeigt die nötige Hardware und das Ergebnis einer Blickaufzeichnung aus einer Studie zur Analyse des Suchverhaltens über die Suchmaschine GOOGLE.

Klassifikation	Empirisch, synchron/asynchron
	Benutzer, Zielgruppenrepräsentant

---

[65] Vgl. Usability-Toolkit (2011)

Fragestellungen	Was wird wahrgenommen? Welche durchschnittliche Betrachtungsdauer haben verschiedene Ansichten? Welche durchschnittliche Betrachtungsdauer haben einzelne Elemente? Wie oft werden Inhaltsbereiche vom Blick erfasst?
Erfasste Daten	Blickrichtung Dauer des Blicks auf einer Stelle
Vorteile	Elektronische Auswertung Reales Ergebnis
Nachteile	Erfassungs- und Auswertungsprogramm benötigt Ergebnisse schwer vergleichbar
Zeitpunkt	Entwurfsphase (Prototyp), Betriebsphase (Endversion)

Tabelle 5-6: Überblick über die Methode „Blickaufzeichnung"

Pfad- und Klickanalyse

Bei der *Pfad- und Klickanalyse* handelt es sich – im Gegensatz zum *Fragebogen* oder *Interview* – nicht um die Erhebung subjektiver Eindrücke und Empfindungen der Testpersonen, sondern um deren Interaktion mit der zu testenden Anwendung. Dabei werden mit Hilfe eines Testprogramms die Mausbewegungen und –Klicks innerhalb der Anwendung elektronisch erfasst, um so aufzuzeigen, wie die tatsächliche Handhabung der Anwendung einzuschätzen ist. Die Ergebnisse werden i.d.R. elektronisch und automatisiert ausgewertet. Ziel ist es, die Interaktion mit der Testanwendung zu analysieren, um Aufschluss über die Gestaltung der Benutzeroberfläche zu erhalten. Anlage J zeigt eine Beispielauswertung der Pfadanalyse einer Webseite.

Klassifikation	Empirisch, asynchron Benutzer, Zielgruppenrepräsentant
Fragestellungen	Wie wird die Navigation wahrgenommen? Sind Elemente optimal angeordnet? Wie ist der Mausverlauf bzw. Denkprozess der Testperson? Wie oft wird in die falsche Richtung navigiert?
Erfasste Daten	Pfad der Maus Mausklicks, Steuerelement-Betätigungen
Vorteile	Elektronische Auswertung Reales Ergebnis
Nachteile	Erfassungs- und Auswertungsprogramm benötigt Ergebnisse schwer vergleichbar
Zeitpunkt	Entwurfsphase (Prototyp), Betriebsphase (Endversion)

Tabelle 5-7: Überblick über die Methode „Pfad- und Klickanalyse"

Methode des lauten Denkens

Bei der Methode des lauten Denkens werden die Testpersonen dazu angehalten, während der Nutzung der Testanwendung ihre Gedanken laut zu äußern. So können „Einblicke in die mentalen Prozesse"[66] gemacht werden und daraus Informationen über Meinungen und Empfindungen abgeleitet werden. Zudem lassen sich Aktionen und Vorgehensweisen der Testpersonen begründen. Die verbalen Informationen werden mit Hilfe einer Audioaufzeichnungs-Software elektronisch dokumentiert, sodass sie für eine spätere Auswertung zur Verfügung stehen. Diese Auswertung ist im Gegensatz zu den anderen hier vorgestellten Methoden etwas schwerfällig: Es gibt keine Möglichkeit zur systematischen Erfassung bzw. Interpretation der gesprochenen Informationen. Vielmehr müssen diese Testergebnisse manuell ausgewertet und bewertet werden. Erst dann ist auch ein Vergleich mehrerer Testergebnisse möglich. Vorteilig ist hingegen der Einblick in die Problemlösung der Testperson, wodurch die Pfad-Analyse durch weitere Informationen über Hindernisse oder Fragestellungen ergänzt wird.

Klassifikation	Empirisch, synchron/asynchron
	Benutzer, Zielgruppenrepräsentant
Fragestellungen	Welche Schritte werden zur Problemlösung fokussiert?
	Welche Gedanken entstehen bei der Aufgabenbearbeitung?
	Was sind mögliche Hindernisse und Fragestellungen?
Erfasste Daten	Meinung und Empfinden der Testperson
	Problemlösungsansätze
	Ggf. zusätzlich Pfad der Maus
Vorteile	Spezifischere Informationen über Vorgehensweise und Gefühl
Nachteile	Schwer auszuwerten
	Erst nach systematischer Aufbereitung vergleichbar
	Hardware zur Aufnahme kann schlechte Qualität verursachen
Zeitpunkt	Entwurfsphase (Prototyp), Betriebsphase (Endversion)

Tabelle 5-8: Überblick über die Methode „Lautes Denken"

5.4 KONZEPTION VON USABILITY TESTS

Zur Konzeption von Usability Tests können die nachfolgenden Schritte identifiziert werden, die die erfolgreiche Durchführung des Tests ermöglichen. Hierbei wird Bezug genommen auf die Erkenntnisse von GIZYCKI UND BEIER sowie RICHTER UND FLÜCKIGER.[67] Weiter sollen die Voraussetzungen für einen Usability Test genannt werden.

---

[66] Frommann, U. (2005) S. 1
[67] Vgl. Gizycki, V. / Beier, M. (2002) S. 77ff; Richter, M. / Flückiger, M. (2010) S. 77ff

5.4.1 Voraussetzungen

Ein Usability-Test lässt sich nur auf bereits vorliegende Ergebnisse anwenden. Um die Benutzbarkeit einer Anwendung oder die Wirksamkeit der Usability-Engineering-Maßnahmen zu überprüfen, muss also zunächst eine Testanwendung im Test- oder Endstadium vorhanden sein. Zudem müssen – in Abhängigkeit der gewählten Testmethode – entweder Entwickler und Usability-Experten oder aber zielgruppenrepräsentierende Testpersonen rekrutiert und auf den Test vorbereitet werden.

5.4.2 Vorgehensweise

Zur Planung und Durchführung von Usability Tests lassen sich folgende Schritte nennen:

Schritt 1 – Ziele definieren

Ausgangspunkt und Basis für alle weiteren Schritte ist die Definition von Zielen, die mit dem Usability-Test erreicht werden sollen. Hierzu zählt zum einen, welche Daten erhoben werden müssen (z.B. Vorteile oder Probleme bzw. Schwächen), zum anderen aber welche Anforderungen durch den Kunden spezifiziert wurden. Ein Ziel könnte z.B. lauten, dass die Arbeitsgeschwindigkeit mit dem System gesteigert wird.

Schritt 2 – Attribute und Kriterien definieren

Ausgehend von den Anforderungen des Kunden und den Zielen des Tests können nun qualitative und quantitative Kriterien benannt werden, die anschließend überprüft werden sollen. Beispiele hierfür sind in 3 Interaktive Systeme bzw. in Abbildung 3-2 zu finden.

Schritt 3 – Benutzer- / Zielgruppenprofile erstellen

In Benutzer- bzw. Zielgruppenprofilen werden Personen(-gruppen) anhand relevanter Merkmale beschrieben, die die späteren Benutzer der zu testenden Anwendung repräsentieren. Mögliche Beschreibungsmerkmale können zum einen soziographischer (z.B. Alter, Geschlecht oder Beruf) und zum anderen fachlicher (z.B. Umfeld, Erfahrung, Expertise) Natur sein. Zusätzlich können Merkmale mit Bezug auf den Nutzungskontext der Anwendung definiert werden (z.B. private oder geschäftliche Nutzung, physikalisches Umfeld).

Die Kriterien zur Definition der Profile werden von den Anforderungen an die zu testende Anwendung und der vorgesehene Zielgruppe abgeleitet. Die Testpersonen werden anschließend anhand dieser Profile identifiziert und auf den Test vorbereitet. Von GIZYCKI UND BEIER weisen darauf hin, dass auch die Aufspaltung der Zielgruppe in beispielsweise Anfänger und Fortgeschrittener von Vorteil sein kann, um ein umfangreicheres Testergebnis zu erhalten.[68]

Schritt 4 – Werkzeuge und Methoden auswählen

Nun werden – wieder in Abhängigkeit der Ziele und Anforderungen – diejenigen Test-Methoden ausgewählt, die eine Überprüfung der vorher definierten Kriterien und Attribute erlauben. Auch lassen sich Methoden kombinieren, sodass ein umfassenderes Ergebnis erreicht wird.

Schritt 5 – Test durchführen

Die Testdurchführung kann – in Abhängigkeit der gewählten Methode – entweder in den Entwicklungsräumen oder aber in einem Usability-Labor bzw. Test-Labor stattfinden. In beiden Fällen müssen die notwendigen Arbeitsmittel wie z.b. ein Testsystem mit Testanwendung, unterstützende Werkzeuge, Aufnahmegeräte und Notizblöcke bzw. Schreibunterlagen vorhanden sein. Der Test wird dann entweder mit oder ohne Testleiter durchgeführt.

Schritt 6 – Testergebnisse auswerten und bewerten

Die Auswertung der Testergebnisse stellt nach der Erfassung dergleichen einer der wichtigsten Punkte bei der Konzeption von Usability-Tests dar. An dieser Stelle werden die erhobenen, gesammelten Daten auf Basis der definierten Attribute und Kriterien systematisch ausgewertet. Das Ergebnis dient dann entweder zur Überarbeitung oder aber zur Freigabe der zu testenden Anwendung.

---

[68] Vgl. Gizycki, V. / Beier, M. (2002) S. 78

6 PROTOTYP EINES USABILITY-TESTERS - KONZEPT

Zu Demonstration soll nun eine Anwendung entwickelt werden, die unter Berücksichtigung der zuvor gewonnenen Ergebnisse die Benutzbarkeit von Anwendungen getestet werden kann. Dabei konzentriert sich die Anwendung auf die Umsetzung einer Pfad- und Klickanalyse in Kombination mit Fragebögen. Mit diesen beiden Methoden lassen sich quantitative Messdaten mit dem persönlichen Empfinden der Testpersonen zusammenführen und gemeinsam auswerten. Denn auch Angaben zum persönlichen Empfinden müssen nicht unbedingt mit den gemessenen Werten übereinstimmen. Durch die Betrachtung beider Faktoren lässt sich somit ein guter Mittelwert bilden.

6.1 IDEE

Die zu entwickelnde Anwendung sollte natürlich beliebige Testanwendungen auf Basis beliebiger Plattformen - Webanwendungen, Windows- und Java-Anwendungen - unterstützen. Da es hier zunächst um einen Prototyp handelt, der das Prinzip bzw. die Funktions- und Vorgehensweise verdeutlichen soll, wird der Fokus zunächst auf Webanwendungen gelegt, da der Ausgangspunkt dieser Arbeit das Konzept eines Online-Lernspiels ist.[69] Zudem soll die zu entwickelnde Anwendung nicht nur das Testen von Anwendungen unterstützen, sondern auch die Möglichkeit bieten, die Tests zu erstellen. Die Anwendung wird im Folgenden als „Usability Testing Tool" – kurz „U2T" - bezeichnet.

Grundsätzlich soll es Testerstellern möglich sein, dedizierte Tests für bestimmte Anwendungen zu definieren. Gleichzeitig soll es für Testpersonen möglich sein, diese Tests durchzuführen. Beides soll von den jeweiligen Personen selbstständig durchgeführt werden können.

Zum Erstellen von Tests ist zum einen die Definition von Testfällen nötig, die dann innerhalb eines Tests abgefragt werden. Zum anderen muss die zu testende Anwendung bzw. deren Benutzeroberfläche definiert werden, damit während des Tests automatisch erkannt werden kann, wann ein Test erledigt ist. An dieser Stelle wird nun der Ansatz verfolgt, die zu testende Anwendung – primär Internetanwendungen – in das Usability Testing Tool hineinzuladen und die für einen Testfall benötigten Elemente der Benutzeroberfläche zu markieren und deren Position abzuspeichern, sodass während eines

---

[69] Vgl. Fröscher, M. (2010)

Testdurchlaufs die Mausposition der Testpersonen mit den Positionsdaten der Benutzeroberflächen-Elemente verglichen werden kann.

6.2 KOMPONENTEN

Die Struktur des *Usability Testing Tool* lässt sich zunächst in zwei Teile gliedern (s. Abbildung 6-1): „Modules" enthält alle Elemente, die zur Konfiguration oder Durchführung von Tests benötigt werden. „Services" stellt eine globale, anwendungsübergreifende Dienststelle dar, die durch alle Module genutzt wird.

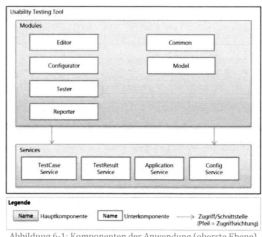

Abbildung 6-1: Komponenten der Anwendung (oberste Ebene)

Insgesamt lassen sich 7 Hauptkomponenten definieren, die im Folgenden näher beschrieben werden sollen.

Editor (EditorModule)
Der *Editor* dient dem Testersteller zum Anlegen und Verwalten von Testfällen. Dabei stellt der Editor eine eigene Teilanwendung dar, die auch unabhängig von den anderen Teilanwendungen (Konfigurator, Tester und Berichterstatter) genutzt werden kann.

Konfigurator (ConfigModule)
Mit Hilfe des *Konfigurators* kann der Testersteller Konfigurationen für Tests erstellen. Dazu zählen zum einen die Auswahl einer Testanwendung, Testaspekten und Testfällen und zum anderen die Beschreibung der Benutzeroberfläche der zu testenden Anwendung. Wie der Editor auch kann der Konfigurator als eigenständige Anwendung fungieren und benötigt lediglich die anwendungsübergreifenden Komponenten wie *Model*, *DataService* und *Common*.

Tester (TestingModule)

Der *Tester* ist diejenige Komponente, mit der Testpersonen die vorab definierten Tests durchführen können. Auch diese Komponente lässt sich mit den nötigen anwendungsübergreifenden Komponenten eigenständig betreiben.

Berichterstatter (ReportingModule)

Mit Hilfe des Berichterstatters können vorher gesammelte Testergebnisse zu einer Anwendung zentral betrachtet und ausgewertet werden. Dies kann zum einen durch Vergleichen der Testergebnis-Werte erfolgen oder aber durch die Erzeugung grafischer Übersichten. Der Berichterstatter ist wie der Editor, der Konfigurator und der Tester eine eigenständige Teilanwendung, die unabhängig von den drei anderen Komponenten in Zusammenarbeit mit den anwendungsübergreifenden Komponenten ausgeführt werden kann.

Datendienst (DataService)

Die *Datendienstkomponente* ist eine zentrale Komponente, die allen anderen Komponenten das Laden und Speichern von Daten ermöglicht. Die Datenkomponente selbst enthält mehrere Unterkomponenten: Der *ConfigService* stellt Funktionen zum Speichern und Laden von Testkonfigurationen, der *TestCaseService* zum Speichern und Laden von Testfällen, der *ApplicationService* zum Speichern und Laden von Testanwendungen und der *TestResultService* zum Speichern und Laden von Testergebnis-Katalogen bereit. Zusätzlich gibt es den *FileLoadService*, der das Dateimanagement auf Verzeichnisebene des Betriebssystems übernimmt. Er prüft beispielsweise, ob ein Verzeichnis existiert und legt dieses ggf. an.

Datenmodell (Model)

Das Datenmodell ist wie die anderen Komponenten auch als eigenständiges Projekt innerhalb der Anwendung definiert. Das Projekt *Model* dient lediglich als Klassenprojekt und enthält keinerlei Ausführungslogik, sondern nur diejenigen Klassen, die die Geschäftsobjekte darstellen. Die Datenklassen in eine eigene Komponente auszulagern hat zur Folge, dass die Klassen zentral verwaltet werden und jede Komponente, die mit den Datenklassen arbeitet, nur eine Referenz auf dieses Projekt verwalten muss.

Allgemeine Daten (Common)

Common ist ein Anwendungsprojekt, das verschiedene Daten zusammenfasst, die von der gesamten Anwendung genutzt werden. Hierzu zählen beispielsweise eigene Steuerelemente, konstante Zeichenketten oder eigene Command-Implementierungen. Der

Grund dieser Gliederung ist folgender: Durch die zentrale Verwaltung anwendungs-übergreifender Dateien werden diese zum einen stets gefunden und zum anderen können sie leichter ausgetauscht bzw. angepasst werden.

6.3 BENUTZEROBERFLÄCHE

Grundsätzlich ist die Anwendung durch ein Tab-Layout dargestellt, wobei die vier Hauptkomponenten Editor, Konfigurator, Test und Berichterstattung jeweils in einem eigenen Tab realisiert sind. Dies erlaubt es zum einen, die Komponenten z.B. in Abhängigkeit von Bedarf oder nach aktuellem Benutzer zu laden, zum anderen können mehrere Komponenten gleichzeitig geladen sein, ohne dabei mehrere Fenster geöffnet haben zu müssen.

Zudem ist jede Teilanwendung nach dem gleichen Layout bestehend aus Menü, Informationsbereich und Hauptbereich aufgebaut (s. Abbildung 6-2). Alle Bereiche stellen so genannte Regionen dar, in denen später die einzelnen Ansichten angezeigt werden können. „Regionen" sind benannte Bereiche, die als Platzhalter für visuelle Elemente dienen. Dies geschieht mit Hilfe des *RegionManager* aus der PRISM-Library, der in Abschnitt 7.1.2 PRISM (Composite Application Library) beschrieben wird.

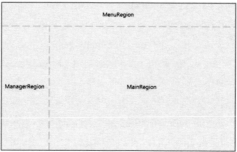

Abbildung 6-2: GUI-Layout der Teilanwendungen

MenuRegion

Die *MenuRegion* enthält das Menü der jeweiligen Teilanwendung. Von hier aus kann die Anwendung gesteuert und Funktionen aufgerufen werden. Die Menüregion ist im oberen Bildschirmbereich platziert, da dies dem Prinzip gängiger Anwendungen folgt.

ManagerRegion

Die *ManagerRegion* stellt den Informationsbereich der jeweiligen Teilanwendung dar. Hier werden Informationen zu aktuell geladenen Daten oder der Fortschritt der Bearbeitung angezeigt. Weiter besteht die Möglichkeit, weitere Funktionen aufzurufen.

MainRegion

Die *MainRegion* nimmt den größten Teil des Bildschirms ein und stellt den Hauptanzeigebereich dar. Hier werden in Abhängigkeit der ausgewählten Funktion bzw. Aktion die angeforderten Inhalte angezeigt.

6.4 DATENVERWALTUNG

Die Datenverwaltung umfasst zum einen das Datenmodell und somit die Dateneinheiten, die durch die Anwendung verwaltet werden sollen und zum anderen die Art der Datenspeicherung und wie diese zur Laufzeit abgerufen werden können.

6.4.1 Datenmodell

Auf Basis der Anforderungen sowie der Komponenten lassen sich folgende Datenobjekte identifizieren, die durch die Anwendung verwaltet werden (s. Abbildung 6-3):

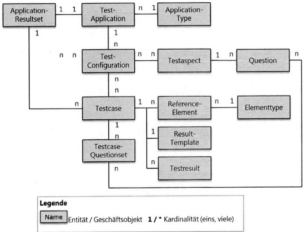

Abbildung 6-3: Datenmodell / Entitäten des Usability Testing Tool

Insgesamt werden 12 Entitäten definiert, die jeweils durch eine eigene Datenklasse realisiert werden (Anlage F zeigt das Klassendiagramm dieser Modellklassen).

TestApplication definiert die zu testende Anwendung. Für eine Testanwendung kann es mehrere Testkonfigurationen geben, aber eine Testkonfiguration kann nur genau eine Testanwendung umfassen. Zudem kann eine Testanwendung nur von einem bestimmten Anwendungstyp sein.

ApplicationType definiert den Typ der zu testenden Anwendung. Dabei kann eine Anwendung nur einem Anwendungstyp zugeordnet sein, ein Anwendungstyp hingegeben kann mehreren Anwendungen zugeordnet sein.

TestConfiguration repräsentiert eine Konfiguration eines Tests für eine bestimmte Anwendung. Dabei kann einer Testkonfiguration nur eine Anwendung zugeordnet sein, aber eine Testanwendung kann durch mehrere Testkonfigurationen abgedeckt sein. Weiter umfasst eine Testkonfiguration mehrere Testaspekte und ein Testaspekt kann mehreren Testkonfigurationen zugeordnet sein. Einer Testkonfiguration sind mehrere Testfälle zugeordnet und ein Testfall kann mehreren Testkonfigurationen zugeordnet werden.

TestAspect definiert die zu testenden Aspekte und dient als Grundlage für den Fragebogen. Ein Testaspekt kann durch mehrere Fragen abgedeckt sein, aber eine Frage kann nur einem Testaspekt zugeordnet sein.

TestCase definiert einen durch den Benutzer definierbaren Testfall. Ein Testfall kann in mehreren Konfigurationen enthalten sein und eine Konfiguration kann mehrere Testfälle umfassen. Weiter umfasst ein Testfall mehrere Referenzelemente, ein Referenzelement kann aber nur einem Testfall zugeordnet sein. Je Testfall gibt es eine Ergebnisvorlage und eine Ergebnisvorlage ist nur einem Testfall zugeordnet. Dafür kann es je Testfall mehrere Testergebnisse geben, ein Testergebnis kann aber nur einem Testfall zugeordnet sein. Zudem kann ein Testfall in mehreren Testfall-Fragensätzen enthalten sein, wobei sich ein Testfall-Fragensatz nur auf einen Testfall bezieht.

ReferenceElement definiert die Elemente der Benutzeroberfläche, die zur Bearbeitung eines Testfalls ausgewählt bzw. bedient werden müssen. Ein Referenzelement kann nur einem Testfall zugeordnet sein, wobei ein Testfall mehrere Referenzelemente umfassen kann. Zudem ist jedem Referenzelement genau ein Elementtyp zugeordnet, aber von einem Elementtyp kann es mehrere Referenzelemente geben.

ElementType definiert den Typ eines Referenzelements (Label, Textbox oder Button). Es kann mehrere Referenzelemente vom selben Typ geben, aber jedes Referenzelement hat nur einen Elementtyp.

ResultTemplate ist vom Typ TestCaseResult und stellt die Vorlage zur Erledigung des Testfalls dar. Ein Testfall hat nur eine Vorlage und eine Vorlage kann nur einem Testfall zugeordnet sein.

TestResult ist ebenfalls vom Typ TestCaseResult und stellt das eigentliche Testergebnis dar, das durch die Bearbeitung eines Testfalls entsteht. Ein TestResult kann nur einem Testfall zugeordnet sein, aber einem Testfall können mehrere TestResults zugeordnet sein.

TestCaseQuestionSet spezifiziert einen Satz an Fragen, die sich auf den jeweiligen Testfall beziehen und durch die ausgewählten Testaspekte gefiltert werden. Ein Testfall kann durch mehrere Testfall-Fragensätze abgefragt werden, aber ein Testfall-Fragensatz bezieht sich immer nur auf einen Testfall.

6.4.2 Datenspeicherung

Da sich die Menge der zu verwaltenden Daten an der Anzahl hinterlegter Anwendungen sowie durchgeführten Tests orientiert, würde sich die Datenverwaltung in einer (relationalen) Datenbank anbieten. Da an dieser Stelle aber nur ein Prototyp entwickelt wird, soll dieser zunächst mit Daten aus XML-Dokumenten umgehen können. XML (Extensible Markup Language) ist eine erweiterbare Auszeichnungssprache, die zum einen die strukturierte Ablage und zum anderen die spezifizierte, strukturierte Abfrage von eigens spezifizierten Daten(-objekten) erlaubt.

6.4.3 Datenablage

Zur Ablage der Dateien auf der Festplatte des Zielsystems wird durch die Anwendung folgende Verzeichnisstruktur im persönlichen Benutzerverzeichnis des Betriebssystems bzw. Dateisystems erzeugt (s. Abbildung 6-4):

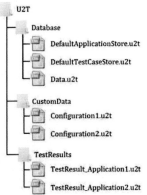

Abbildung 6-4: Angelegte Verzeichnisstruktur im Benutzerverzeichnis

7 PROTOTYP EINES USABILITY-TESTERS - TECHNOLOGIE

Das *Usability Testing Tool* basiert auf der *Windows Presentation Foundation* (WPF), einem MICROSOFT Framework für Anwendungen mit grafischer Benutzeroberfläche (vgl. 7.1.1Windows Presentation Foundation). Neben dieser Basistechnologie wird das Komponentenframework *PRISM* eingesetzt, das zur Konzeption modularer, komponentenbasierter Anwendungen dient und die dafür nötige Architektur vorgibt (vgl. 7.1.2 PRISM). Zusätzlich zu PRISM wird das Softwaremuster MVVM (Model-View-ViewModel) eingesetzt, um auch die Komponenten der Benutzeroberfläche und die Anwendungslogik voneinander zu trennen (vgl. **Error! Reference source not found. Error! Reference source not found.**). Die Entscheidung für eine Kombination aus *WPF* und *PRISM* liegt in den Anforderungen an die Anwendung begründet:

- Das *Usability Testing Tool* soll primär zum Testen von Internetanwendungen dienen. WPF stellt hierfür die Möglichkeit bereit, Internetanwendungen innerhalb der lokalen WPF-Anwendung auszuführen und mit dieser zu interagieren bzw. Benutzerinteraktionen zu verarbeiten. Weiter lassen sich in WPF-Anwendungen auch andere Windows-basierte Anwendungen integrieren und steuern.

- Die angedachten Komponenten sind für unterschiedliche Benutzergruppen (Testersteller, Testpersonen) konzipiert und es soll in Zukunft möglich sein, diese Komponenten als eigenständige Anwendungen unabhängig voneinander auszuführen (z.B. auf einem Administrations-Computer und mehreren Test-Computern). Dies wird durch das Komponenten-Framework PRISM unterstützt.

7.1.1 Windows Presentation Foundation (WPF)

Die *Windows Presentation Foundation* (WPF) ist eine .NET-basierte Plattform von MICROSOFT zur Entwicklung grafischer Benutzeroberflächen bzw. interaktiver Systeme. Da der Fokus dieser Arbeit mehr auf dem Konzept und der eigentlichen Umsetzung der Funktionalität der zu entwickelnden Anwendung liegt als auf der technologischen Basis, soll an dieser Stelle nicht weiter auf die Merkmale und Funktionsweise von WPF einge-

gangen werden. Weitere Informationen zu WPF bieten WEGENER UND SCHWICHTENBERG
[70]sowie HUBER[71].

WPF wird verwendet, da die Implementierung des zuvor entwickelten Konzeptes mit
dieser Technologie am einfachsten zu implementieren ist. Vorab durchgeführte Tests
haben gezeigt, dass die Schlüsselaspekte wie das Laden anderer Anwendungen, die Integration eines Web-Browsers sowie die komponentenbasierte Architektur unter dem
Einsatz von WPF gut umzusetzen sind.

7.1.2 PRISM (Composite Application Library)

Eine Anwendung nach den Prinzipien von PRISM ist modular aufgebaut. Das bedeutet
aus Entwicklersicht, dass mehrere Programmierprojekte unabhängig voneinander entwickelt und schlussendlich zusammengeführt werden. Dies realisiert zum einen den
Vorteil modularer Anwendungen, lose gekoppelte Komponenten zu beinhalten, zum anderen dient es dazu, die Systemlast nicht durch unnötiges Laden von Komponenten zu
belasten.

Komponenten
PRISM umfasst eine Reihe an Komponenten, die je nach Bedarf implementiert werden
können oder nicht. In dieser Arbeit werden nicht alle Komponenten, die in der PRISM-
Library definiert sind, verwendet, sondern lediglich diejenigen, die zur Erreichung des
Ziels (nämlich zur Umsetzung der Anwendung gemäß Anforderungen) benötigt werden.
So kann gewährleistet werden, dass die Struktur bzw. Architektur sowie Aufbau und
Umfang des Projektes nicht größer werden als erforderlich. Die eingesetzten Kompo-
nenten sollen nun näher beschrieben werden.

Der **ModuleManager** (in PRISM auch definiert als **Bootstrapper**) definiert einen *ModuleCatalog* - eine Liste, in der alle implementierten Programmmodule, registriert werden.
Dazu ist es notwendig, dass jedes implementierte Modul (hier zum Beispiel der *Editor*)
über eine Modulbeschreibung verfügt, in der das Modul mit seinen einzelnen Klassen
definiert ist.

Der *ModuleManager* wird bei Anwendungsstart geladen und initialisiert dann diese Mo-
dul-Klassen, um den Katalog zu füllen. Je nach festgelegter Initialisierungsart (bei An-

[70] Vgl. Wegener, J. / Schwichtenberg, H. (2009)
[71] Vgl. Huber, T. C. (2010)

wendungsstart oder bei Bedarf) werden die Einzelteile geladen und angezeigt oder eben erst dann, wenn der Bedarf dafür entsteht (z.B. durch eine Benutzerinteraktion).

Anlage G zeigt die Implementierung des *ModuleManager* des Usability Testing Tool, zusätzlich ist in Anlage H als Beispiel die Modulbeschreibung für den Editor zu finden.

RegionManager

Innerhalb der Benutzeroberfläche lassen sich verschiedene Regionen als Platzhalter definieren, in die später die einzelnen Ansichten der Module hineingeladen werden können. Diese Platzhalter sind definierte Bereiche innerhalb des Layout, die einen festen, eindeutigen Namen haben, über den sie angesprochen werden können. Für die Verwaltung dieser Regionen ist der *RegionManager* verantwortlich. Dieser nimmt Registrierungen entgegen und leitet Anfragen an Regionen weiter.

UnityContainer

Unity ist eine Implementierung eines *Dependency Injection*-Containers. *Dependency Injection* ist ein Konzept aus der modularen Softwareentwicklung und bedeutet „Abhängigkeitsinjektion", wonach von einer Klasse abhängige Klassen automatisch initialisiert und geladen werden, ohne, dass sich der Entwickler darüber Gedanken machen muss. Alles, was getan werden muss in einen solchen Container bei Anwendungsstart zu initialisieren und seine Instanz über die einzelnen Module hinweg durchzureichen. Immer dann, wenn eine Klasse angesprochen wird, prüft der Container automatisch, ob es von dieser Klasse eine aktive Instanz gibt. Ist dies der Fall, nutzt er sie zur Weitergabe an die aufrufende Klasse. Ist dies nicht der Fall, erzeugt er eine Instanz und gibt sie weiter.

7.1.3 Model-View-ViewModel (MVVM)

MVVM – Model, View, ViewModel – beschreibt ein Muster zur Strukturierung von interaktiven Anwendungen (auf Basis der MICROSOFT *Windows Presentation Foundation* (WPF) und Silverlight). „Interaktiv" meint damit, dass eine Benutzeroberfläche vorhanden ist, über die der Benutzer die Anwendung durch Interaktionen steuern kann. Folgende Vorteile sollen durch den Einsatz von MVVM erreicht werden[72]:

- Lose Kopplung der Benutzeroberfläche von der Anwendungslogik
- Bessere Testbarkeit der Anwendungslogik durch Trennung vom Design
- Klare Abgrenzung der Zusammenarbeit zwischen Designer und Entwickler

---

[72] Vgl.

Für die hier beschriebene Anwendung ist besonders die einfache Anpassbarkeit durch die strikte Trennung von Benutzeroberfläche und Logik interessant. Die Anwendung soll – je nach Anforderung - auch in mehrere Teilanwendungen gegliedert bzw. getrennt werden können, ohne dabei die gesamte Struktur anpassen zu müssen.

Das MVVM-Pattern besteht aus 3 (bzw. 4) Komponenten: Model, ViewModel, Model und in der Praxis auch ViewModelBaseClass (s. Abbildung 7-1). Diese sollen nun näher erläutert werden.

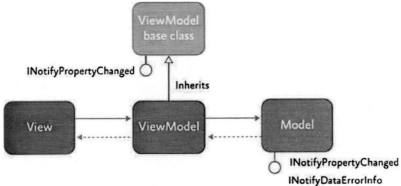

Abbildung 7-1: Architektur des MVVM-Pattern[73]

Komponenten

Das **Model** repräsentiert die Geschäftsobjekte, die beispielsweise durch die dahinterliegende Datenbank definiert werden. Die Daten werden durch das *ViewModel* angefragt und anschließend durch das *Model* ausgeliefert.

Das **ViewModel** repräsentiert die Anwendungslogik, die die Daten auf Basis des *Model* abruft und der Benutzeroberfläche (*View*) bereitstellt. Diese Komponente fungiert als eine Art Brücke zwischen der Datenbasis und der Ansicht, sodass die beiden anderen Komponenten nur über diese kommunizieren.

Die **View** ist die Ansicht bzw. die Benutzeroberfläche der Anwendung. Die *View* wird vom *ViewModel* gesteuert und erhält daraus die Daten, die dem Benutzer letztendlich angezeigt werden.

In der Praxis wird zur Verwendung des MVVM-Pattern zusätzlich eine abstrakte Basisklasse[74] **ViewModelBaseClass** eingesetzt, die das *INotifyPropertyChanged*-Interface

---

[73] Entnommen aus: http://msdn.microsoft.com/en-us/library/gg405492%28v=pandp.40%29.aspx

implementiert. Dieses Interface definiert Methoden, über die Interessenten (wie z.B. die Views) über Änderungen am Model bzw. ViewModel benachrichtigt werden können. Verwendet wird diese Basisklasse durch Ableitung innerhalb der *ViewModels*.

Prinzipien

Neben diesen Einheiten definiert das MVVM-Pattern weitere Prinzipien, die eine lose Kopplung von Logik und Benutzeroberfläche erlauben.

Separation of Concerns (Aufteilung der Zuständigkeiten bzw. Einheiten) spezifiziert eine Struktur, in der die Verantwortlichkeiten klar getrennt sind. Jede Komponente verfolgt andere Aufgaben und wird in der Entwicklungsphase möglicherweise durch verschiedene Personen implementiert. Wichtig an dieser Struktur ist, dass die *View* das dahinterstehende *Model* nicht und somit völlig losgelöst ist (sie „kennen" sich nicht). Durch diese Unabhängigkeit wird eine größere Wartbarkeit erreicht, da die einzelnen Komponenten zum einen leicht ausgetauscht und zum anderen besser (einzeln) getestet werden können. Somit ist es ausreichend, nur das *ViewModel* mit der Anwendungslogik zu testen, die beiden anderen Komponenten agieren nur auf Basis des *ViewModel*.

DataBinding definiert die Bindung von Daten an Elemente der Benutzeroberfläche. Dies geschieht über s.g. *Properties* (öffentliche Eigenschaften) des *ViewModel*, die eine *Set*- und eine *Get*-Methode zum Setzen und Abrufen des Wertes bereitstellen. Wird ein Wert innerhalb der Anwendungslogik gesetzt (*Set*), wird dies durch die *INotifyPropertyChanged*-Implementierung innerhalb der *ViewModelBaseClass* registriert und an alle Abonnenten bzw. *Views* weitergeleitet (vgl. Komponenten des MVVM). Diese rufen den aktuellen Wert ab (*Get*) und verarbeiten ihn. Welche View nun welchem ViewModel zugeorndet ist, geschieht über eine einfache Referenz innerhalb der *View* selbst.

Commands repräsentieren die bisherigen *Events* (Ereignisse). Ereignisse werden durch den Benutzer über Steuerelemente innerhalb der Benutzeroberfläche (z.B. Klick auf einen Button) ausgelöst und sind daher eng an das jeweilige Steuerelement gebunden. Dies impliziert, dass sich Benutzeroberfläche und Anwendungslogik kennen müssen. Das Konzept des MVVM-Pattern fordert aber, dass das *ViewModel* (die Logik) nichts von der View (Ansicht) wissen darf. Dies lässt sich durch den Einsatz von *Commands* realisieren, indem Steuerelementen eine Referenz auf die auszuführende Methode zugeord-

---

[74] Eine abstrakte Basisklasse kann nicht instanziiert bzw. nicht direkt verwendet werden

net wird. Diese Methode kann an beliebiger Stelle der Anwendungslogik implementiert sein. Solange die View eine Referenz auf diese Klasse enthält, kann das Command verwendet werden (auch durch mehrere Steuerelemente).

Eine Beispielimplementierung ist in Anlage I zu finden.

8 PROTOTYP EINES USABILITY-TESTERS - FUNKTIONEN

In diesem Abschnitt soll nun auf die Basisfunktionalität der Hauptkomponenten *Editor, Konfigurator, Tester* und *Berichterstatter* eingegangen werden, um deren Arbeitsweise zu verdeutlichen.

8.1 ERSTELLEN EINER TESTKONFIGURATION

Um eine Testkonfiguration zu erstellen, sind insgesamt 6 Aufgaben abzuarbeiten. Diese werden in einem Assistenten der Reihe nach abgefragt. Zusätzlich werden die Aufgaben im Informationsbereich angezeigt und über ein Bild neben dem Aufgabentitel kann der aktuelle Bearbeitungsstatus (Offen, in Bearbeitung, Erledigt) eingesehen werden. Die einzelnen Schritte des Assistenten sind in **Error! Reference source not found.Error! Reference source not found.** abgebildet und werden im Folgenden näher beschrieben.

8.1.1 Prinzip der Testkonfiguration-Erstellung

Die Testkonfiguration wird durch einen Assistenten unterstützt, in dem die folgenden Schritte durchgeführt werden:

- **Basisdaten vervollständigen**: Angabe von Titel und Beschreibung der Konfiguration sowie Zuordnung von Testaspekten, zu denen dann im Testlauf Fragen an die Testpersonen gestellt werden.

- **Testfälle zuordnen**: Auswahl der verfügbaren Testfälle, die mit der Konfiguration abgedeckt werden sollen. Die verfügbaren Testfälle werden bei Anwendungsstart aus dem Testfall-Katalog geladen. Die ausgewählten Testfälle werden im Informationsbereich angezeigt, da diese in weiteren Schritten verwendet werden müssen.

- **Anwendungsdetails definieren**: Angabe der zu testenden Anwendung mit Titel, Beschreibung, Anwendungstyp und Anwendungspfad. Hier besteht auch die Möglichkeit, eine bereits definierte Anwendung zu laden. Die verfügbaren Anwendungen werden ebenfalls bei Anwendungsstart geladen.

- **Benutzeroberfläche konstruieren**: Definition von Referenzelementen (Steuerelementen), die zur Bearbeitung eines Testfalls durch die Testperson angesteuert werden müssen (die Realisierung dieses Schrittes ist in 8.2 Benutzeroberfläche konstruieren näher beschrieben).

- **Testdaten erfassen**: Durchführen des Tests, um Referenzdaten zu erhalten, mit denen dann die Testergebnisse der Testpersonen verglichen werden können (dieser Schritt ist in 8.3 Referenzdaten für den Test erfassen näher beschrieben).

- **Daten überprüfen**: Eingegebenen Daten überprüfen und Konfiguration abspeichern.

8.1.2 Realisierung des Assistenten und der Navigation

Der Assistent an sich besteht aus einem Frame-Steuerelement, der als Platzhalter für Pages (Seiten oder auch Ansichten) dient, die durch Angabe des Pfades geladen werden können. Für die zu erledigenden Aufgaben gibt es eine Klasse *ConfigTask*, die Titel, Beschreibung, Status und Pfad zur Ansicht definiert (ein Beispiel ist in Abbildung 8-1 zu sehen).

```
ConfigTask task1 = new ConfigTask();
task1.ConfigTaskId = 0;
task1.ConfigTaskTitle = "Basisdaten vervollständigen";
task1.ConfigTaskDescription = "Beschreibung";
task1.ConfigTaskState = ConfigTask.TState.NotStarted;
task1.PageUriString = "/UsabilityTestingTool.Configurator;component/View/BasicDataView.xaml";
configTasks.Add(task1);
```

Abbildung 8-1: Implementierung einer Konfigurationsaufgabe

Die Navigation von einer zur nächsten Aufgabe ist zum einen über die Id (*ConfigTaskId*) (die Ids der Aufgaben stimmen mit deren Bearbeitungsreihenfolge überein) und zum anderen über die angegebene Referenz zur zugehörigen Ansicht (*PageUriString*) realisiert.

Klickt der Benutzer auf „Weiter" werden zunächst die Daten der aktuellen Seite geprüft. Ist die Prüfung erfolgreich, wird die aktuelle Aufgabe auf den Status „Erledigt" gesetzt und die nächste Aufgabe geöffnet. Ist keine weitere Aufgabe vorhanden, wird der „Weiter"-Button durch einen „Speichern"-Button ersetzt. Die Implementierung ist in **Error! Reference source not found.**zu finden (Für die Navigation die Methode *GoNextPage* und zum Öffnen neuer Aufgaben die Methode *OpenTask*).

8.2 BENUTZEROBERFLÄCHE KONSTRUIEREN

Innerhalb der Konstruktion der Benutzeroberfläche werden durch den Testersteller alle Elemente der Benutzeroberfläche markiert, die zur Abarbeitung eines Testfalls (z.B. Benutzername eingeben) erforderlich sind. Diese dienen als Referenzelemente für spätere Tests. Die Markierung erfolgt dabei wie in einem gewöhnlichen Zeichenprogramm mit Hilfe der Maus.

8.2.1 Prinzip der Konstruktion der Benutzeroberfläche

Modi

Für die Konstruktion der Benutzeroberfläche stehen 2 Modi zur Verfügung, die über das Menü aktiviert werden können: Der Zeichenmodus und der Navigationsmodus.

- Die Konstruktion beginnt im **Navigationsmodus**. Im Hauptanzeigebereich wird das Browser-Control angezeigt, in dem die zuvor ausgewählte Anwendung (z.b. Google) geladen ist. Der Benutzer hat nun die Möglichkeit, andere Ansichten zu öffnen, die zur Bearbeitung des Testfalls benötigt werden.

- Im **Zeichenmodus** hat der Benutzer die Möglichkeit, in der aktuell angezeigten Internetseite verschiedene Steuerelemente mit der Maus zu markieren, die zur Bearbeitung des Testfalls relevant sind.

Sind alle Elemente markiert, die für den Testfall benötigt werden, kann entweder der nächste Testfall bearbeitet werden oder zum nächsten Schritt gewechselt werden.

8.2.2 Realisierung der Konstruktion der Benutzeroberfläche

Referenzelemente zeichnen

Zum Markieren von Steuerelementen stehen dem Benutzer drei verschiedene Steuerelement-Arten zur Verfügung, die die spätere Auswertung der Tests beeinflussen: Ein **Label** ist ein Anzeigeelement, das keine weitere Benutzerinteraktion erfordert, eine **TextBox** ist ein Eingabefeld und ein **Button** löst eine Aktion aus. Diese sind über das Menü auswählbar. Die Referenzelemente werden mit der Maus wie in gängigen Zeichenprogrammen gezeichnet.

Realisierung des Zeichnens

Als Zeichenbereich und somit Container für die gezeichneten Elemente dient ein *Canvas*, das eine freie Positionierung der Elemente erlaubt. Da das Browser-Control von WPF stets im Vordergrund steht und das Zeichenpanel somit nicht über den Browser gelegt werden kann, wird an dieser Stelle ein Screenshot von der aktuellen Internetseite erstellt und als Hintergrundbild in den Zeichenbereich eingefügt. Die Methode zum Erstellen des Screenshots ist in Anlage C zu sehen.

Die Gestalt bzw. das Aussehen der Zeichenelemente selbst werden durch ein benutzerdefiniertes Steuerelement realisiert. WPF bietet die Möglichkeit, eigene Vorlagen für Steuerelemente zu erstellen und diesen Eigenschaften und Funktionen zuzuweisen, die später variabel implementiert werden können. Das hier verwendete Steuerelement ist ein Button, der das Aussehen eines Rechtecks hat. Dies liegt darin begründet, dass ein Rechteck-Steuerelement keine Maus-Ereignisse anbietet, diese aber in der Anwendungslogik benötigt werden. Zudem enthält das benutzerdefinierte Steuerelement mehrere Informationselemente, die erst dann sichtbar werden, wenn der Benutzer mit der Maus über das Element fährt (s. Abbildung 8-2).

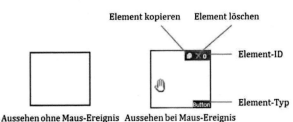

Abbildung 8-2: Zeichenelement ohne (li.) und mit (re.) Maus-Ereignis

Die Elemente selbst werden durch das Erfassen von Maus-Ereignissen des Benutzers erzeugt und angezeigt. Dabei werden die Ereignisse *MouseMove* (Mausbewegung über dem Element), *MouseLeave* (Mausbewegung von dem Element weg), *MouseDown* (Maustaste drücken) und *MouseUp* (Maustaste loslassen) eingesetzt (s. Abbildung 8-3):

- Bei einem *MouseDown*-Ereignis wird ein Zeichenelement in der Anwendungslogik erzeugt und dem *Canvas* hinzugefügt. Dieses ist hier noch nicht sichtbar, da alle Kantenlängen 0 betragen. Zusätzlich wird ein Flag „Zeichnen" gesetzt.

- Bei einem *MouseMove*-Ereignis wird zunächst der Status des Flags „Zeichnen" geprüft. Das Flag aktiv, befindet sich die Maus über dem *Canvas* und es kann gezeichnet werden. Die aktuelle Mausposition wird mit der vorherigen Mausposition verglichen und die Abmessungen des Zeichenelements daran angepasst. Das Zeichenelement in der Benutzeroberfläche wird sofort aktualisiert. Ist das Flag nicht aktiv, befindet sich die Maus über einem Zeichenelement die verstecken Informationselemente des Zeichenelements werden angezeigt.

- Bei einem *MouseUp*-Ereignis werden die aktuellen Abmessungen des Zeichenelements beibehalten und der Vorgang abgebrochen.

1. MouseDown
(Maustaste drücken)

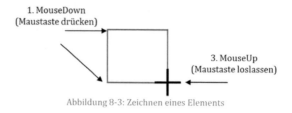

3. MouseUp
(Maustaste loslassen)

Abbildung 8-3: Zeichnen eines Elements

8.3 REFERENZDATEN FÜR DEN TEST ERFASSEN

Um die tatsächlichen Testergebnisse, die durch die Testpersonen erzeugt werden besser bewerten zu können, wird innerhalb der Konfigurationserstellung die optimale Durchführung des Tests berechnet. Diese Testreferenz dient als Grundlage zur Auswertung der Benutzertests.

8.3.1 Prinzip der Referenzdaten-Erfassung

Für jeden Testfall, der später in einem Benutzertest bearbeitet werden soll, werden Daten zur optimalen Bearbeitung erfasst und abgespeichert. Grundsätzlich werden gemäß der verwendeten Test-Methode der *Pfad- und Klickanalyse* (vgl. 5.3 Methoden und Techniken des Usability Testing) die Mausbewegung sowie die Mausklicks registriert und gespeichert und die tatsächlichen Testergebnisse innerhalb der Auswertung damit verglichen.

8.3.2 Realisierung der Referenzdaten-Erfassung

Zur Verwaltung der Referenzdaten sowie der Testergebnisse ist eine separate Klasse „TestCaseResult" implementiert, dass die folgenden Felder aufweist:

```
private int _resultId;
private List<Point> _visitedPoints;
private List<Point> _clickedPoints;
private int _referenceId;
private long _duration;
```

Abbildung 8-4: Felder der Klasse „TestCaseResult"

Die *VisitedPoints* speichert die durch die Maus besuchten Bildschirm-Punkte. Die Liste *ClickedPoints* verwaltet die angeklickten Bildschirm-Punkte. *ReferenceId* gibt das zugehörige Element innerhalb der Benutzeroberfläche an, das in der Benutzeroberflächen-Konstruktion erstellt wurde. *Duration* gibt die Dauer an, die benötigt wird, um den jeweiligen Testfall zu bearbeiten.

Berechnung der optimalen Bearbeitung

Als optimale Strecke, die zwischen zwei Referenzelementen zurückgelegt werden kann, dient eine Linie vom Mittelpunkt des Startelements bis zum Mittelpunkt des Endelements. Die Anzahl der maximal notwendigen Klicks ergibt sich aus der Anzahl der Referenzelemente, die optimalen Klicks werden auf Basis des jeweiligen Referenzelement-Mittelpunkts errechnet (s. Abbildung 8-5, rote X sind die Klicks).

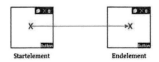

Abbildung 8-5: Prinzip der Referenzdaten-Berechnung

Die Berechnung findet in der Methode *CreateTestCaseResultTemplate* vor dem Speichern der Konfiguration statt. Dies liegt darin begründet, dass sich während der Konfiguration die Testfälle bzw. deren Referenzelemente ändern können und so die Berechnung nur einmal stattfinden muss. Die Implementierung ist in Abbildung 8-6 zu sehen.

```
private void CreateTestCaseResultTemplate()
{
    _activeTestCase.TestCaseResultTemplate = new TestCaseResult();

    foreach (ReferenceElement r in _activeTestCase.ReferenceElements)
    {
        //Clicked Points; Mittelpunkt des Elements ermitteln
        Point clickedPoint = new Point();
        clickedPoint.X = Math.Round(r.Left + (r.Width / 2), 3);
        clickedPoint.Y = Math.Round(r.Top + (r.Height / 2), 3);
        _activeTestCase.TestCaseResultTemplate.ClickedPoints.Add(clickedPoint);

        //VisitedPoints; Linie zwischen Mittelpunkten erzeugen
        //Startpunkt des ersten Elements ist der Mittelpunkt des Canvas,
        //ansonsten der Mittelpunkt des vorherigen Elements
        Point startPoint = new Point();
        Point endPoint = new Point();

        if (_activeTestCase.ReferenceElements.IndexOf(r) == 0)
        {
            startPoint.X = Math.Round(c.ActualWidth / 2, 3);
            startPoint.Y = Math.Round(c.ActualHeight / 2, 3);
        }
        else
        {
            int idxPrevious = _activeTestCase.ReferenceElements.IndexOf(r) - 1;
            ReferenceElement rTemp = _activeTestCase.ReferenceElements[idxPrevious];
            startPoint.X = Math.Round(rTemp.Left + (rTemp.Width / 2), 3);
            startPoint.Y = Math.Round(rTemp.Top + (rTemp.Height / 2), 3);
        }

        endPoint.X = Math.Round(clickedPoint.X, 3);
        endPoint.Y = Math.Round(clickedPoint.Y, 3);
        _activeTestCase.TestCaseResultTemplate.VisitedPoints.Add(startPoint);
        _activeTestCase.TestCaseResultTemplate.VisitedPoints.Add(endPoint);
        _activeTestCase.TestCaseResultTemplate.Duration = 0;
        _activeTestCase.TestCaseResultTemplate.ReferenceId = r.ReferenceElementId;
    }
}
```

Abbildung 8-6: Implementierung der Methode „CreateTestCaseResultTemplate"

8.4 TEST DURCHFÜHREN

Die Testdurchführung findet im *TestingModule* statt. Hier ist zunächst die gewünschte Testkonfiguration zu laden und im Anschluss der Test über den „Start"-Button zu starten. Der Benutzer wird von einem Assistenten durch die Testbearbeitung geleitet. Hier erhält er zunächst allgemeine Informationen zum Testaufbau, zur Testanwendung und anschließend je Testfall eine Testfallbeschreibung mit der Angabe des Ziels und die Möglichkeit zur Bearbeitung.

8.4.1 Prinzip der Testdurchführung

Durch das Laden der Konfiguration werden ebenfalls die Daten zur Testanwendung sowie die vorher aufgenommenen Referenzelemente und das Referenzergebnis geladen. Nach dem Start des Tests erhält der Benutzer im Informationsbereich Angaben zum Testumfang und Testaufgaben und der Assistent wird gestartet (s. Abbildung 8-7).

Abbildung 8-7: Test-Manager während Testlauf

Assistent zur Testdurchführung

Das Prinzip des Assistenten gleicht dem des Konfigurationsassistenten (vgl. 8.1.1 Prinzip der Testkonfiguration). An dieser Stelle müssen die folgenden Schritte bearbeitet werden (Abbildungen dazu sind in Anlage M zu finden):

- **Teilnahme bestätigen**: Die Testperson erhält zunächst einen Überblick, warum dieser Test überhaupt stattfindet und welche Schritte dafür nötig sind. An dieser Stelle kann die Testperson nun entscheiden, ob sie am Test teilnehmen möchte oder nicht. Möchte sie nicht teilnehmen, ist der Test beendet.

- **Anwendung kennenlernen**: Es werden detaillierte Informationen zur Testanwendung angezeigt, damit sich die Testperson darauf einstellen kann.

- **Fragebogen ausfüllen**: Um sicherzustellen, dass es sich bei der Testperson wirklich um einen Zielgruppenrepräsentanten handelt, werden allgemeine, anonyme Fragen über Benutzer und Kontext gestellt (z.B. Alter, Nutzungshäufigkeit des PC, Erfahrung im Bereich der Testanwendung, etc.).

- **Testfall kennenlernen**: Hier werden die Informationen zum nächsten Testfall angezeigt. Dazu zählen Titel, Beschreibung und Ziel.

- **Testfall bearbeiten**: Die Anwendung wird in den Hauptanzeigebereich geladen und der Testlauf beginnt. Diese Ansicht ist solange sichtbar, wie der aktuelle Testfall nicht bearbeitet ist.

- **Testfall bewerten**: Ist der Testfall vollständig bearbeitet, erscheint ein Fragebogen zum Testfall, indem die Testperson den Testfall bewerten muss. Dazu werden Fragen zu den in der Konfiguration festgelegten Testaspekten wie z.B. Farbgebung, Darstellung, Mausführung, etc. gestellt.

(Testfall kennenlernen, Testfall bearbeiten und Testfall bewerten laufen solange hintereinander ab, wie es Testfälle in der Konfiguration gibt).

- **Testdaten übermitteln**: Ist der Test vollständig abgeschlossen, können die Testergebnisse durch die Testperson übermittelt werden.

8.4.2 Realisierung der Testdurchführung

Testdaten erfassen
Wird die Testanwendung im Hauptanzeigebereich angezeigt, wird die Zeit bis zur Erledigung des aktuellen Testfalls gestoppt. Zusätzlich werden über die Mausposition die besuchten und angeklickten Bildschirm-Punkte erfasst. Hierzu werden wieder die Maus-Ereignisse *MouseMove, MouseDown, MouseUp* sowie das Tastatur-Ereignis *KeyUp* verwendet.

Prüfen, ob der Testfall erledigt ist
Die Prüfung, ob ein Referenzelement vollständig bearbeitet ist setzt sich aus zwei Methoden zusammen, in denen zum einen geprüft wird, ob sich die Maus über einem Element befindet (Methode *MouseOverElement*) und zum anderen, ob ein Element fertig bearbeitet ist (Methode *ElementDone*).

In Abhängigkeit des Referenzelement-Typs (Label, Button, Textbox) sind verschiedene Bedingungen zu erfüllen, bis der Testfall erledigt ist:

- Ein Label muss lediglich mit der Maus überfahren werden. Hier wird also nur das Ergebnis des *MouseMove*-Ereignisses benötigt.

- Ein Button muss neben dem *MouseMove* auch ein *MouseDown*- und *MouseUp*-Ereignis aufweisen, die zusammen den Mausklick repräsentieren.

- Eine Textbox benötigt zusätzlich noch ein *KeyUp*-Ereignis, welches die Eingabe repräsentiert.

Um zu prüfen, ob sich die Maus über einem Referenzelements befindet, wird die aktuelle Mausposition mit den Abmessungen und der Positionierung des Referenzelements verglichen. Liegen X- als auch Y-Koordinate innerhalb des Elements, befindet sich die Maus darüber (s. Abbildung 8-9).

Zur Überprüfung, ob das aktuelle Referenzelement abgearbeitet wurde, werden verschiedene Flags definiert, die in Abhängigkeit des registrierten Maus- bzw. Tastatur-Ereignisses gesetzt werden (_mouseMove, _mouseDown, .etc.). Sind alle Flags, die zur Abarbeitung eines Referenz-Elements nötig sind gesetzt, ist das Element erfolgreich bearbeitet und es wird das nächste betrachtet. Diese Überprüfung ist in der Methode „ElementDone()" realisiert, deren Implementierung in Abbildung 8-8 zu sehen ist.

```
private bool ElementDone()
{
    bool done = false;

    ReferenceElement r = _activeTestCase.ReferenceElements[_activeReferenceId];

    switch (r.ReferenceElementType)
    {
        case ReferenceElement.ElementType.Label:
            if (_mouseMove) done = true;
            break;
        case ReferenceElement.ElementType.Textbox:
            if (_mouseMove && _mouseDown && _mouseUp && _input) done = true;
            break;
        case ReferenceElement.ElementType.Button:
            if (_mouseMove && _mouseDown && _mouseUp) done = true;
            break;
        default:
            break;
    }
}
```

Abbildung 8-8: Implementierung der Methode „ElementDone"

```
private bool MouseOverElement(Point p)
{
    bool mouseOver = false;

    ReferenceElement r = _activeTestCase.ReferenceElements[_activeReferenceId];

    if (p.X >= r.Left && p.X <= (r.Left + r.Width))
    {
        if (p.Y >= r.Top && p.Y <= (r.Top + r.Height))
        {
            mouseOver = true;
        }
    }

    return mouseOver;
}
```

Abbildung 8-9: Implementierung der Methode „MouseOverElement"

9 FAZIT UND AUSBLICK

9.1 ZUSAMMENFASSUNG DER ARBEIT

Zusammenfassend lässt sich sagen, dass Usability – sowohl in der Entwicklung als auch beim Testen – einen hohen Stellenwert genießt, auch wenn dieser qualitative Aspekt meist in den Schatten der Funktionalität gerückt wird.

An dieser Stelle sollen nun die zu Beginn gestellten Fragen beantwortet werden.

Welchen Stellenwert hat Usability in der Software-Entwicklung und in wie fern ist es nötig bzw. anerkannt?

Die Recherchen über die Usability von grafischen Benutzeroberflächen hat gezeigt, dass diesem qualitativen Aspekt hohe Bedeutung zugeschrieben wird, wenn es um benutzerzentrierte Anwendungsentwicklung geht. Durch den möglichen Einfluss, den die Benutzbarkeit einer Anwendung auf deren Akzeptanz bei den Endbenutzern hat, kann an dieser Stelle gesagt werden, dass es unbedingt erforderlich ist, sich schon vor der Entwicklung einer Anwendung Gedanken über die Umsetzung von Effektivität, Effizienz und Zufriedenheit zu machen.

Allerdings erhält die Usability nur im Bereich des Usability Engineering mehr Aufmerksamkeit als die Funktionalität einer Anwendung. Durch wachsende Nachfrage und stetig gute Ergebnisse durch den Einsatz ausgewählter Methoden wird sich dies allerdings ändern – so der Rückschluss aus den hier gewonnenen Ergebnissen.

Welche Möglichkeiten zum Einsatz bzw. zur Überprüfung von Usability gibt es und wie lassen sich diese verallgemeinern bzw. standardisieren?

In den vorherigen Kapiteln ist ausdrücklich gezeigt worden, dass es viele unterschiedliche Methoden und Techniken zum Erreichen von Usability sowie zur Überprüfung dergleichen gibt. Diese können in Abhängigkeit der Anforderungen und der aktuellen Projektphase variabel eingesetzt werden.

Eine Verallgemeinerung ist allerdings nicht möglich, was auf den subjektiven Charakter der Usability zurückzuführen ist. Dennoch lässt sich eine gewisse Standardisierung ist der Einbeziehung von Kunden und Benutzern in den Entwicklungsprozess erkennen, sodass in jeder Projektphase intensiv auf deren Anforderungen eingegangen und eine eigene Definition von Usability aufgestellt werden kann.

Wie viel Usability ist nötig?

Diese Frage ist – zugegeben auch zu Beginn der Erarbeitung grundlegender Konzepte zur Benutzbarkeit und Gebrauchstauglichkeit – nicht zu beantworten. Zum einen lässt sich sagen, dass eine Anwendung nie benutzbar genug ist, um den Anforderungen der Benutzer gerecht zu werden. Zum anderen aber ist immer nur so viel Usability nötig, wie die Entwickler bereit sind zu implementieren und auf die Benutzer zuzugehen.

Zusammenfassend kann Usability aus Entwicklersicht als „notwendiges Übel" bezeichnet werden, dass einerseits zwar den Aufwand zur Entwicklung einer Anwendung und Durchführung eines Projektes erhöht („Übel"), andererseits aber auch den Projekterfolg und die Zufriedenheit über die Anwendung enorm steigert („notwendig").

9.2 AUSBLICK

Mit neuen Technologien und neuen Arten der Systembedienung (z.B. bei Touchscreens) erhält auch Usability neue Bewertungskriterien. Es wird nicht immer nur um die Bedienung einer Anwendung mit der Maus gehen, sondern es wird zusätzlich ein weiterer Sinneskanal – der haptische Kanal – mit in die Interaktion eingebunden.

Durch *Windows 8*, das neue Betriebssystem von MICROSOFT, das sich zurzeit in der Entwicklung befindet, werden dem Benutzer wieder neue Eindrücke von *User Experience* vermittelt (s. Abbildung 9-1). Das auf berührungsempfindliche Bildschirme ausgerichtete System soll die Usability für Touch-Systeme erhöhen. Es bleibt abzuwarten, ob sich das System genauso komfortabel mit der Maus bedienen lässt, denn die Mehrheit der Computer-Nutzer hat keinen Touchscreen.

Abbildung 9-1: Windows 8 Benutzeroberfläche[75]

---

[75] Entnommen aus: http://www.zeit.de/digital/mobil/2011-09/microsoft-windows-8

LITERATURVERZEICHNIS

Frommann. Uwe (2005): Die Methode „Lautes Denken", e-teaching.org, Portalbereich „Didaktisches Design", http://www.e-teaching.org/didaktik/qualitaet/usability/Lautes%20Denken_e-teaching_org.pdf, Letzte Einsicht: 22.09.2011

Geis, Thomas (2010): Usability und User Experience unterscheiden, Blog der ProContext Consulting GmbH, http://blog.procontext.com/2010/03/usability-und-user-experience-unterscheiden.html, Letzte Einsicht: 16.09.2011

Geuenich, Bettina/ Hammelmann, Iris/ Havas, Harald (2006): Das große Buch der Lerntechniken, Compact Verlag, ISBN: 3-1874-7308-7, München 2006

Gizycki, Vittoria von (Hrsg.) / Beier, Marcus (2002): Usability- Nutzerfreundliches Web-Design, ISBN: 3-540-41914-4, Springer Verlag, Heidelberg 2002

Hackmann, Joachim (2011): Schlamperei in der Softwareentwicklung - 25 gefährliche Programmierfehler, Computerwoche.de, http://www.computerwoche.de/software/software-infrastruktur/1885172/, Letzte Einsicht: 14.09.2011

Herczeg, Prof. Dr. Michael (Hrsg.) (2009): Software-Ergonomie – Theorien, Modelle und Kriterien für gebrauchstaugliche interaktive Computersysteme, Lehrbuchreihe Interaktive Medien, 3. vollständig überarbeitete und erweiterte Auflage, ISBN: 978-3-486-58725-8, Oldenbourg Verlag, München 2009

Höfler, Dr. Kai (2003): Software Engineering – Systemspezifikation, Vorlesung Software Engineering Universität Karlsruhe, WS 2002/2003, Karlsruhe, http://www.aifb.uni-karlsruhe.de/Lehre/Winter2003-04/iwm/TelSem/knopo/MuSMG/SE/Folien/Folien_SE06.pdf, Letzte Einsicht: 19.09.2011

Huber, Thomas Claudius (2010): Windows Presentation Foundation: Das umfassende Handbuch, 2. aktualisierte und überarbeitete Auflage, ISBN: 978-3-8362-1538-1, Galileo Computing Press, Bonn 2010

Ilmberger, Waltraut / SChrepp, Martin / Held, Theo (2009): Visualisierung, Aufmerksamkeit und Ästhetik - Was verursacht den Zusammenhang zwischen Ästhetik und Usability?, in: Wandke, Prof. Dr. Hartmut / Kain, Saskia / Struve, Doreen (2009): Mensch & Computer 2009, S. 383-392

Isen, A. M. (2000): Positive affect and decision making, In Lewis, M., Haviland, J.M. (Hrsg.): Handbook of emotions (2nd edtion), New York: Guilford Press, S. 417–435

ISO 14915 (2003): Internationale Norm zur Software-Ergonomie für Multimedia-Benutzungsschnittstellen, teilweise einsehbar in http://www.handbuch-usability.de/iso-14915.html, Letzte Einsichtnahme: 17.09.2011

ISO 9241 (2006): Internationale Norm zur Ergonomie der Mensch-System-Interaktion, teilweise einsehbar in http://www.handbuch-usability.de/iso-9241.html, Letzte Einsicht: 17.09.2011

ISO 9241.210 (2010): Internationale Norm zum Prozess zur Gestaltung gebrauchstauglicher interaktiver Systeme,

Krems, Burkhardt (2010): 10er-Regel der Fehlerkosten, Beitrag im Online-Verwaltungslexikon OLEV, http://www.olev.de/0/10er-regl.htm, Letzte Einsicht: 15.09.2011

Liggesmeyer, Peter (2009): Software-Qualität - Testen, Analysieren und Verifizieren von Software, 2. Auflage, ISBN: 978-3-8274-2203-3, Spektrum Akademischer Verlag, Heidelberg 2009

Microsoft (2010): Windows User Experience Interaction Guidelines, http://www.microsoft.com/download/en/details.aspx?displaylang=en&id=2695,Letzte Einsicht: 19.09.2011

Miller, George A. (1956): The Magical Number Seven, Plus or Minus TwoSome Limits on Our Capacity for Processing Information, Psychological Review Vol. 101, No. 2, 343-352, http://www.psych.utoronto.ca/users/peterson/psy430s2001/Miller%20GA%20Magical%20Seven%20Psych%20Review%201955.pdf, Letzte Einsicht: 23.09.2011

Myers, Glenford J. (2001): Methodisches Testen von Programmen, 7. Auflage, Originaltitel „The Art of Software Testing", deutsche Übersetzung von Pieper, Manfred ISBN: 978-3-486-25634-5, Oldenbourg Verlag, München 2001

Norman, D.A. (2003): Emotional Design - Why We Love (Or Hate) Everyday Things, Boulder Colorado: Basic Books.

Pelkmann, Thomas (2011): Software-Testverfahren - Qualitätskontrolle per Hand und Excel, CIO-Beitrag, http://www.cio.de/strategien/2279743/, Letzte Einsicht: 16.09.2011

Preim, Bernhard / Dachselt, Raimund (2010): Interaktive Systeme - Band 1: Grundlagen, Graphical User Interfaces, Informationsvisualisierung, 2. Auflage, ISBN: 978-3-642-05401-3, Springer Verlag, Heidelberg 2010

Richter, Michael / Flückiger, Markus (2010): Usability Engineering Kompakt - Benutzbare Software gezielt entwickeln, 2. Auflage, Spektrum Verlag, ISBN: 978-3-8274-2328-3, Heidelberg 2010

Sarodnick, Florian / Brau, Henning (2011): Methoden der Usability Evaluation: Wissenschaftliche Grundlagen und praktische Anwendung, 2. Überarbeitete und aktualisierte Auflage, ISBN: 978-3456842004, Huber Hans Verlag,

Schenk, Joachim / Rigoll, Gerhard (2010): Mensch-Maschine-Kommunikation - Grundlagen von sprach- und bildbasierten Benutzerschnittstellen, ISBN: 978-3-642-05456-3, Springer Verlag, Heidelberg 2010

Uni Trier (2011): Competence Center E-Business der Universität Trier, Usability Testing, Universität Trier > Forschung und Transfer > Competence Center E-Business > Dienstleistungen > Usability Testing, http://www.uni-trier.de/index.php?id=8337, Letzte Einsicht: 22.09.2011

Usability-Toolkit (2011): Übersicht über Usability-Methoden, http://usability-toolkit.de/usability/usability-methoden/, Letzte Einsicht: 22.09.2011

Wallmüller, Ernest (2001): Software-Qualitätsmanagement in der Praxis, 2. Völlig überarbeitete Auflage, ISBN: 978-3-446-21367-8 Hanser Verlag, München 2001

Wandke, Prof. Dr. Hartmut / Kain, Saskia / Struve, Doreen (Hrsg.) (2009): Mensch & Computer 2009 – 9. Fachübergreifende Konferenz für interaktive und kooperative Medien - Grenzenlos frei!?, ISBN: 978-3-486-59222-1, Oldenbourg Verlag, München 2009

Wegener, Jörg / Schwichtenberg, Holger (2009): Windows Presentation Foundation(.NET WPF): Grafische Benutzerschnittstellen, ISBN: 978-3-446-41041-1, Hanser Verlag, München 2009

Wirtz, Guido (2010): Enzyklopädie der Wirtschaftsinformatik – Online Lexikon, Der Integrationstest, http://www.enzyklopaedie-der-wirtschaftsinformatik.de/wi-enzyklopaedie/lexikon/is-management/Systementwicklung/Hauptaktivitaten-der-Systementwicklung/Software-Implementierung/Testen-von-Software/Integrationstest, Letzte Einsicht: 22.09.2011

ANLAGEN

ANLAGE A   USABILITY UND USER EXPERIENCE

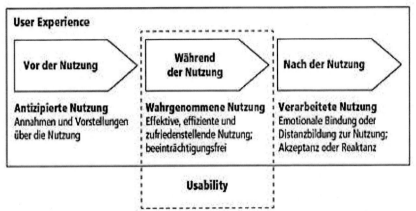

Abbildung Anlage I: Definition von Usability und User Experience nach ISO 9241[76]

ANLAGE B METHODEN DES USABILITY ENGINEERING

Wer sind die Benutzer und was wollen sie?
– Contextual Inquiry

Wie sehen die Arbeitsabläufe aus?
- Personas
- User Stories
- UI Prototypen

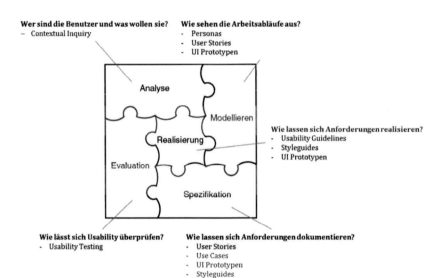

Wie lassen sich Anforderungen realisieren?
- Usability Guidelines
- Styleguides
- UI Prototypen

Wie lässt sich Usability überprüfen?
- Usability Testing

Wie lassen sich Anforderungen dokumentieren?
- User Stories
- Use Cases
- UI Prototypen
- Styleguides

Abbildung Anlage II: Überblick über Usability Methoden

ANLAGE C   PRINZIP VON CONTEXTUAL INQUIRY

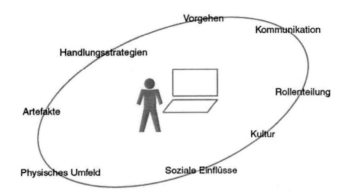

Sicht	Fragestellung
Rollenteilung und Kommunikation	Typische Rollenverteilungen Aufgaben und Verantwortlichkeiten Kommunikationsmittel Kommunikationszweck und Inhalte Vorteile und Probleme der Rollenteilung
Handlungsstrategien und Vorgehen	Ausführung von Tätigkeiten Unterschiedliche Vorgehensweisen Stärken und Schwächen Häufigkeit, Frequenz, Intensität und Dauer der Durchführung Ausnahmesituationen und Fehler, Spezialfälle
Artefakte	Bei der Arbeit benutzte Dokumente, Formulare, Werkzeuge usw. Aufbau und Informationsgehalt Verwendungszweck Anpassung an individuelle Bedürfnisse Zweckentfremdete Verwendung Vorteile und Probleme bei der Arbeit
Kulturelle und soziale Einflüsse	Personen, die Einfluss nehmen Wirkung von sozialem Druck, Machtausübung Verhaltensregeln Ziele, Werte und Vorlieben Widersprüchliche Einflüsse Probleme und Chancen auf kultureller Ebene
Physisches Umfeld	Raumaufteilung, Arbeitsplatzgestaltung Verfügbare Hilfsmittel Wege und Distanzen Einfluss auf Kommunikation Verbesserungspotenzial

Abbildung Anlage III: Prinzip der Contextual Inquiry[77]

---

[77] Entnommen aus: Richter, M. / Flückiger, M. (2010) S. 24

ANLAGE D PRINZIP VON USE CASES

Grafische Darstellung:

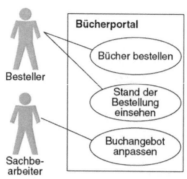

Abbildung Anlage IV: Grafische Darstellung eines Use Cases

Textuelle Darstellung:

Use Case #	1
Use Case Name	Bücher bestellen
Akteure	Besteller
Ziel	Der Besteller hat ein Buch bestellt
Priorität	1 (hohe Priorität)
Ereignisfluss	Der Besteller wählt ein Buch ein, indem er über die Suchmaske nach dem Titel des Buches sucht. Der Besteller legt das Buch in seinen Warenkorb, indem er auf den Button „In den Warenkorb" klickt. Der Besteller schickt seine Bestellung ab, indem er im Warenkorb auf „Bestellen" klickt. Der Besteller erhält eine Rückmeldung vom System, wenn seine Bestellung erfolgreich oder nicht erfolgreich abgesendet wurde.
Anfangsbedingungen	Der Besteller hat sich authentifiziert und ist eingeloggt.
Abschlussbedingungen	Der Besteller bekommt eine Bestellbestätigung angezeigt.
Qualitätsanforderungen	Der Besteller erhält in jedem Fall eine Rückmeldung zu seiner Bestellung. Die Überprüfung und Annahme der Bestellung dauert nicht länger als 7 Sekunden.

ANLAGE E PRINZIP DER BLICKAUFZEICHNUNG

Kamerahelm zur Blickaufzeichnung

Abbildung Anlage V: Kamerahelm zur Blickaufzeichnung[78]

Blickaufzeichnung I: Besucherverhalten auf der Webseite von Google:

Abbildung Anlage VI: 2D-Auswertung der Blickaufzeichnung auf Google[79]

Blickaufzeichnung II: Besucherverhalten bei der Informationssuche über Google:

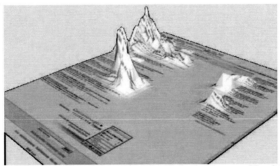

Abbildung Anlage VII: 3D-Auswertung der Blickaufzeichnung auf Google[80]

---

[78] Entnommen aus: http://ci-research.de/einrichtungen
[79] Entnommen aus: http://www.blogtopf.de/google/neue-google-eye-tracking-studie/
[80] Entnommen aus: http://blog.netprofit.de/wie-google-ergebnisse-wahrgenommen-werden.html

ANLAGE F KLASSENDIAGRAMM DER BUSINESS OBJECTS

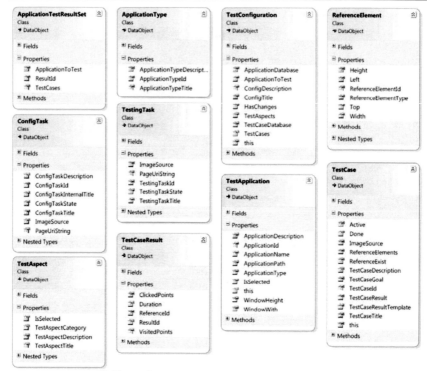

Abbildung Anlage VIII: Klassendiagramm der Business Objects

ANLAGE G IMPLEMENTIERUNG DES MODULEMANAGER

```
public class Bootstrapper : UnityBootstrapper
{
    //(1) "CreateShell" Methode überschreiben, um eine neue Shell zu erzeugen
    protected override DependencyObject CreateShell()
    {
        return Container.Resolve<Shell>();
    }

    //(2) "InitilaizeShell" Methode überschreiben, um die Shell anzuzeigen
    protected override void InitializeShell()
    {
        base.InitializeShell();
        Application.Current.MainWindow = (Window)this.Shell;
    }

    //(3) Überschreibt die "ConfigureModuleCatalog" Methode und packt die Module in den Katalog
    protected override void ConfigureModuleCatalog()
    {
        base.ConfigureModuleCatalog();

        ModuleCatalog moduleCatalog = (ModuleCatalog)this.ModuleCatalog;

        moduleCatalog.AddModule(typeof(DataServiceModule), InitializationMode.OnDemand);

        moduleCatalog.AddModule(typeof(LayoutManagerModule));

        moduleCatalog.AddModule(typeof(ConfigModule), "LayoutManagerModule");
        moduleCatalog.AddModule(typeof(TestingModule), "LayoutManagerModule");
        moduleCatalog.AddModule(typeof(EditorModule), "LayoutManagerModule");
        moduleCatalog.AddModule(typeof(ReportingModule), "LayoutManagerModule");
    }
}
```

Abbildung Anlage IX: Implementierung des ModuleManager

Erläuterung

Da es sich bei der Klasse „UnityBootstrapper" um eine abstrakte Klasse handelt, ist es erforderlich, deren Methoden zu überschreiben bzw. neu zu implementieren, wenn man sie nutzen möchte. Hierzu werden die Schritte (1) bis (3) durchgeführt:

(1) Methode „CreateShell()" überschreiben, um das Shell-Objekt aus dem *Unity-Container* zu erhalten

(2) Methode „InitializeShell()" überschreiben, um die Shell zu initialisieren und das Objekt der visuellen Wurzel (dem grafischen Oberflächenelement an der Spitze) zuzuweisen

(3) Methode „ConfigureModuleCatalog()" überschreiben, einen neuen Modulkatalog erzeugen und die einzelnen Anwendungsmodule registrieren (entweder bei Anwendungsstart, ohne Initialisierungsmethode oder bei Bedarf mit der Initialisierungsmethode „OnDemand")

ANLAGE H MODULBESCHREIBUNG DES EDITORS

```
public class EditorModule : IModule
{
    private readonly IRegionManager _regionManager;
    private readonly IUnityContainer _container;

    //(1) DependencyInjection bewirkt das "Durchreichen" von Objekten
    public EditorModule(IRegionManager regionManager, IUnityContainer container)
    {
        _regionManager = regionManager;
        _container = container;
    }

    //(2) Initialisierungsmethode aufrufen
    public void Initialize()
    {
        RegisterViews();
        AddViewsToRegion();
    }

    //(2a) Views und ViewModels beim UnityContainer registrieren
    private void RegisterViews()
    {
        _container.RegisterType<IEditorViewModel, EditorViewModel>(new ContainerControlledLifetimeManager());
        _container.RegisterType<EditorView>(new ContainerControlledLifetimeManager());

        _container.RegisterType<IEditorMenuViewModel, EditorMenuViewModel>();
        _container.RegisterType<EditorMenuView>();
        _container.RegisterType<EditorManagerView>();
    }

    //(2b) Regionname und anzuzeigenden View beim RegionManager registrieren
    private void AddViewsToRegion()
    {
        _regionManager.RegisterViewWithRegion(RegionNames.EditorMenuRegion, typeof(EditorMenuView));
        _regionManager.RegisterViewWithRegion(RegionNames.EditorInfoRegion, typeof(EditorManagerView));
        _regionManager.RegisterViewWithRegion(RegionNames.EditorMainRegion, typeof(EditorView));
    }
}
```

Abbildung Anlage X: Implementierung der Modulbeschreibung des Editors

Erläuterung

Diese Klasse ist je Komponente einmal vorhanden und dafür verantwortlich, dass die Module im *ModuleCatalog* initialisiert / gefunden werden. Der Vorgang ist dabei folgender:

(1) Über den Konstruktor werden durch *Dependency Injection* sowohl *RegionManager* als auch *UnityContainer* durchgereicht an das Editor-Modul. Diese beiden Instanzen sind anwendungsübergreifend vorhanden.

(2) Über die „Initialize()"-Methode des Interface „IModule" werden nun die *ViewModels* und die *Views* beim *Unity-Container* registriert, damit diese bei Bedarf initialisiert werden können (2a). Ebenso werden bereits bei Anwendungsstart anzuzeigende Ansichten zu den einzelnen Regionen über den *RegionManager* hinzugefügt (2b).

ANLAGE I BEISPIELIMPLEMENTIERUNG DES MVVM-PATTERN

Schritt 1: ViewModelBaseClass erstellen, die das Interface „INotifyPropertyChanged"

implementiert

```
public abstract class ViewModel : INotifyPropertyChanged
{
    #region INotifyPropertyChanged Members

    public event PropertyChangedEventHandler PropertyChanged;

    protected virtual void OnPropertyChanged(string propertyName)
    {
        if (PropertyChanged != null)
            PropertyChanged(this, new PropertyChangedEventArgs(propertyName));
    }

    #endregion
}
```

Abbildung Anlage XI: Implementierung der ViewModelBaseClass

Schritt 2: ViewModel erstellen, das über eine öffentliche Property „MeinProperty" verfügt

```
public class MeinViewModel : ViewModel
{
    private string _meinProperty;

    public string MeinProperty
    {
        get { return _meinProperty; }
        set
        {
            _meinProperty = value;
            this.OnPropertyChanged("MeinProperty");
        }
    }
}
```

Abbildung Anlage XII: Beispielimplementierung des MeinViewModel

Schritt 3: View erstellen, deren *DataContext* an das ViewModel gebunden ist und die

einen *TextBlock* enthält, an den die öffentliche Property „MeinProperty" gebunden ist

```
xmlns:vm="clr-namespace:Informady.Menu"
d:DesignHeight="300" d:DesignWidth="400">
    <UserControl.Resources>
        <vm:MeinViewModel x:Key="MeinViewModel"/>
    </UserControl.Resources>
    <UserControl.DataContext>
        <Binding Source="{StaticResource MeinViewModel}"/>
    </UserControl.DataContext>

    <TextBlock Text="{Binding MeinProperty}"
               Height="30"
               Width="120"/>
```

Abbildung Anlage XIII: Beispielimplementierung des MeinView

ANLAGE J PFAD- UND KLICKANALYSE

Auswertung häufig genutzter Pfade einer Internetseite

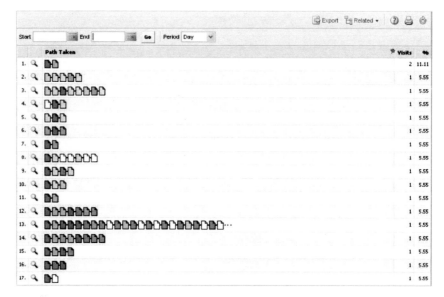

Abbildung Anlage XIV: Auswertung häufig genutzter Pfade einer Internetseite[81]

---

[81] Entnommen aus: http://www.namics.com/namics_Whitepaper_WebAnalytics_v2-0.pdf S. 31

ANLAGE K KONFIGURATIONS-ASSISTENT

Abbildung Anlage XV: Screenshot des Konfigurator-Assistenten (Schritt 1)

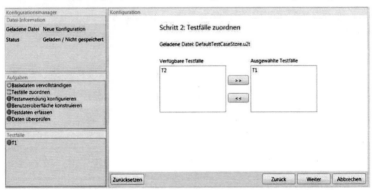

Abbildung Anlage XVI: Screenshot des Konfigurator-Assistenten (Schritt 2)

Abbildung Anlage XVII: Screenshot des Konfigurator-Assistenten (Schritt 3a)

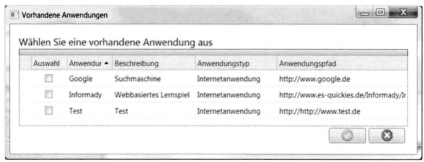

Abbildung Anlage XVIII: Screenshot des Konfigurator-Assistenten (Schritt 3b)

Abbildung Anlage XIX: Screenshot des Konfigurator-Assistenten (Schritt 4+5)

ANLAGE L IMPLEMENTIERUNG DER NAVIGATION

```private void GoNextPage()```
```{```
    ```bool ok = false;```
	Prüfen der aktuellen Task-ID

```   switch (_activeTaskId)```
    ```{```
        ```case 0:```
            ```if (CheckBasicDataViewData()) ok = true;```
            ```break;```
        ```case 1:```
            ```if (CheckTestCaseViewData()) ok = true;```
            ```break;```
        ```case 2:```
            ```if (CheckApplicationDetailData()) ok = true;```
            ```break;```
        ```case 3:```
            ```if (CheckGuiConstructorViewData()) ok = true;```
            ```break;```
        ```case 4:```
            ```if (CheckRecordTestData()) ok = true;```
            ```break;```
        ```default:```
            ```ok = true;```
            ```break;```
    ```}```
	Daten der aktuellen Seite prüfen

```   if (ok && _activeTaskId < _configTasks.Count)```
    ```{```
        ```OpenTask(_configTasks[_activeTaskId + 1]);```
    ```}```
```}```
Abbildung Anlage XX: Implementierung GoNextPage
	Ist die Prüfung erfolgreich und sind weitere Aufgaben vorhanden, wird die nächste geöffnet.

```private void OpenTask(ConfigTask configTask)```
```{```
    ```CompleteTask();```
    ```configTask.ConfigTaskState = ConfigTask.TState.InProgress;```
    ```ActiveTaskId = configTask.ConfigTaskId;```
	Aktuelle Aufgabe schließen

```   if (_activeTaskId == 5)```
    ```{```
        ```WizardDone = true;```
    ```}```
    ```else```
    ```{```
        ```WizardDone = false;```
    ```}```
	Wenn es die letzte Aufgabe ist, den Speichern-Button einblenden

```   ConfigFrameView frame = _container.Resolve<ConfigFrameView>();```
    ```frame.ConfigFrame.Navigate(new Uri(configTask.PageUriString));```
```}```
Abbildung Anlage XXI: Implementierung OpenTask
	Pfad zur nächsten Aufgabe an das Frame-Control weitergeben

ANLAGE M TEST-ASSISTENT

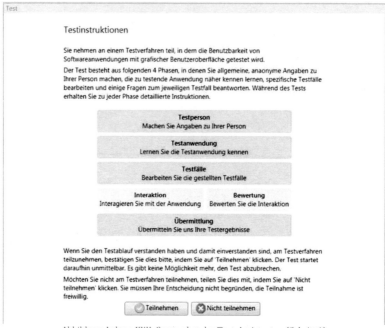

Abbildung Anlage XXII: Screenshot des Test-Assistenten (Schritt 1)

Abbildung Anlage XXIII: Screenshot des Test-Assistenten (Schritt 2)

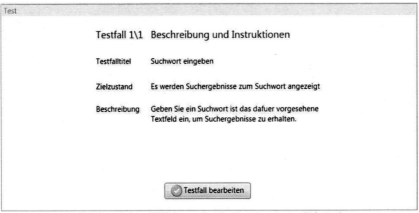

Abbildung Anlage XXIV: Screenshot des Test-Assistenten (Schritt 4)

Abbildung Anlage XXV: Screenshot des Test-Assistenten (Schritt 7)